RALPH W. HOLDEN

Astrologische Häusersysteme

Aspekte der Astrologie

RALPH WILLIAM HOLDEN

Astrologische Häusersysteme

Entstehung, Berechnung, Bewertung

Aus dem Englischen
von Reinhardt Stiehle

CHIRON VERLAG

ISBN 978-3-925100-37-6

2. Auflage 2006
© 1977 Ralph William Holden
© 1998 der deutschen Ausgabe Chiron Verlag, Tübingen
Alle Rechte vorbehalten

Zu beziehen durch den Buchhandel oder direkt:
Chiron Verlag, Postfach 1250, D-72002 Tübingen
www.chironverlag.com

Inhalt

Vorwort

Bei keiner Thematik besteht unter Astrologen soviel Uneinigkeit wie in der Häuserfrage. Und dennoch wird der sogenannte „Häuserstreit" kaum öffentlich ausgetragen. In der Regel lernt der angehende Astrologe nach einer ganz bestimmten Schule oder Lehrmeinung und übernimmt die dort vorgeschlagene Häusermethode – wohl wissend, daß es noch das eine oder andere System gibt. Das eigens praktizierte Häusersystem wird meist aus „ganz bestimmten Gründen" (die sich auf Nachfragen selten näher umreißen lassen) für das beste gehalten. Der Fortgeschrittene experimentiert aus Neugierde möglicherweise mit einer anderen Manier und kann dabei gelegentlich schon derbe Überraschungen erleben, denn der Wechsel auf eine anderes Häusersystem kann unter Umständen bedeuten, daß eine ganze Reihe von Planeten in völlig andere Felder fallen. Ob nun die Venus beispielsweise im 6. oder im 7. Radix-Haus steht, macht für den Horoskopeigner erfahrungsgemäß einen Unterschied aus.

Dem Astrologen, der um eine Fundierung seiner Grundlagen bemüht ist, stellen sich hier unmittelbar weitere Hindernisse in den Weg. Abgesehen davon, daß er bereit sein muß, sich auf das unter Astrologen eher unbeliebte Fach Himmelsgeometrie einzulassen, wird er kaum eine geschlossene Darstellung zu diesem Problem finden. Er kann seine gesammelten Lehrbücher zu Rate ziehen, und vereinzelte Informationen zusammentragen. Die Suche nach älteren Texten in Bibliotheken kann ebenfalls Aufschlüsse ergeben.

Unter diesen Vorzeichen erfolgt die Veröffentlichung des Buches von Ralph William Holden. Der Text erschien erstmals vor 20 Jahren in England und besteht im Grunde aus zwei Teilen. Zunächst schildert Holden sehr anschaulich die historische Herausbildung der astrologischen Häuser und zeigt auf, wie diese schrittweise vom Tierkreis abgeleitet wurden. Darauf baut er anschließend seine Darstellung der einzelnen Systeme auf. Holden erklärt die 14 gebräuchlichsten Methoden der Häuserteilung und erläutert diese jeweils immer an demselben Beispielhoroskop. Dabei wählt er einen systematischen Ansatz und stützt sich auf die Berechnungsgrundlagen und Methoden. Sicher wird heute kaum mehr jemand mit der Logarithmen-Tabelle ein Geburtsbild ausrechnen, aber zur korrekten Begründung einer Häusermanier, wird man sich auch diesen Teil vergegenwärtigen müssen. Andererseits erhebt Holden auch nicht den Anspruch, alle Probleme der sphärischen Astronomie eingehend und bis ins letzte zu beleuchten.

Die vorliegende Publikation versteht sich denn auch als eine Einführung in das Häuserproblem und als ein Beitrag zur Anregung der Diskussion. Gerade in den Fragestellungen um die mit der Häuserteilung zusammen auftretenden Probleme bietet das Buch dem Astrologen eine Orientierung und es wäre wünschenswert, wenn die Häuserdiskussion auf diesem Wege einen Anstoß erhalten könnte.

Mein besonderer Dank geht an Rüdiger Plantiko für die kritische Lektüre der Übersetzung und die korrigierenden Anmerkungen, die zum Teil in den Fußnoten Eingang gefunden haben.

Mössingen im Juni 1998   *Reinhardt Stiehle*

1. Was sind Häuser?

1.1. Das Horoskop

Horoskop heißt wörtlich übersetzt „Stundenseher". Dies bedeutet, daß ein Geburtshoroskop in erster Linie nicht mit der betreffenden Person assoziiert wird, sondern mit dem aufgezeichneten Diagramm eines bestimmten Ereignisses, wie z.B. der Geburt. Das „Ereignis", welches ein Horoskop darstellt, sind die Positionen der Himmelskörper zu einem bestimmten historischen Moment des Universums. Diese Planetenstellungen werden dann mittels mathematischer Operationen im Verhältnis zu einem bestimmten Ort auf der Erde und zu dem jeweiligen Zeitpunkt gezeigt. Das Horoskop oder Geburtsbild ist folglich nur ein geeignetes Hilfsmittel, und kein Faktum an sich mit bestimmtem oder gar mystischem Wert. Es ist wichtig sich immer der Realität bewußt zu sein, mit der man umgeht. Wir sollten uns somit fragen, welches sind die Himmelskörper unseres Sonnensystems und wie verläuft das komplexe Zusammenspiel im dreidimensionalen Raum unserer Galaxie. Der Ort des antiken Sternguckers wird heute vom Astrologen eingenommen, der das Horoskop (wahrscheinlich mit dem Computer) errechnet. Der Untersuchungsgegenstand bleibt jedoch der gleiche. Die Wirklichkeit des Astrologen sind die Planeten am Firmament, nicht die gezeichneten Horoskopsymbole.

Genau aus diesem Grunde sollten wir die geometrischen Vorgänge, die beim Erstellen des Geburtsbildes eine Rolle spielen, klar vor Augen haben. Denn bei der Horoskopberechnung trifft der Astrologe eine Reihe von Annahmen und Vereinfachungen über die Struktur des Alls, die man verstehen muß. Warum dies so wichtig ist wird uns klar, sobald wir folgendes in Erwägung ziehen: Das Horoskop versucht auf einem zweidimensionalen Stück Papier abzubilden, was tatsächlich zum betreffenden Zeitpunkt in der dreidimensionalen Struktur vorliegt, an der wir alle teilhaben. Aber während jeder fähige Künstler einen räumlichen Gegenstand ohne weiteres angemessen zu Papier bringen kann, steht der Astrologe vor einem zusätzlichen schwierigen Problem. Er ist nicht nur genötigt, das Weltall repräsentativ abzubilden, sondern er muß dieses auch exakt vermessen. Und versuchen sie einmal ein Gebäude anhand eines Fotos zu vermessen, dann wissen sie um die eigentliche Schwierigkeit.

Zum Zwecke der astronomischen und astrologischen Vermessung wird das ganze Universum vereinfachend als eine große Sphäre angenommen, welche die Erde als eine wesentlich kleinere Kugel im Zentrum enthält. Der moderne Astrologe benützt also heute für seine Berechnungen dieselbe geozentrische Vorstellung wie seine antiken Vorläufer. Dies war vor Kopernikus tatsächlich die am weitesten verbreitete Himmelsvorstellung. Der Himmel entsprach der sichtbaren Schale des Firmaments, welches die Erde umgab und an dem entlang sich die Sterne als kleine unbewegliche Punkte bewegten. Die Himmelskugel rotierte um die Erde, die man sich entweder meist als unbewegliche Scheibe oder als starre Sphäre vorstellte, um eine Achse, welche durch die Erdpole ging. Innerhalb des Firmaments liefen die Planeten, (wörtlich: Wanderer) auf ihren eigenen Bahnen um die Erde. Es waren gerade die Unregelmäßigkeiten dieser Planeten, sprich ihre unterschiedliche Laufgeschwindigkeit oder die beobachtete Rückläufigkeit, die in der Antike erste astronomische Probleme aufwarfen. Dies blieb solange ungelöst, bis Kepler im 17. Jahrhundert seine drei Gesetze der Planetenbewegung formulierte und festlegte, daß die Planeten sich in elliptischen Bahnen um die Sonne bewegen.

Kein Astrologe geht heute mehr davon aus, daß die Erde der Mittelpunkt des Universums sei. Aber für einen Beobachter auf der Erde liegt es nahe, die Position eines Planeten von seinem Standpunkt aus zu beschreiben, anstatt sich in die Rolle eines fiktiven Beobachters auf der Sonne zu versetzen. Aus diesem Grunde werden alle astrologischen Berechnungen auf geozentrischer Basis erstellt, d.h. die Sterne und Planeten und ihre Beziehungen untereinander werden aus der irdischen Perspektive betrachtet.

Aber kehren wir wieder zu unserer Himmelssphäre zurück. Der Versuch, die verschiedenen Bestandteile das Kosmos auf ein flaches Stück Papier zu übertragen, ist recht problematisch. Denken wir nur an die Wandkarte in der Schule. Die Erde wird immer als riesige Ellipse dargestellt oder als Quadrat, wobei Island dann halb so groß wie die USA abgebildet wird. Im Grunde genommen kann man verschiedene Punkte auf der Oberfläche einer Kugel nur adäquat auf einer anderen Kugel wiedergeben. Deswegen ist der Globus das einzige getreue Abbild der Erde und (aus geozentrischer Perspektive) ist nur eine kugelförmige Sternkarte richtig. Da Sonne, Mond und die Planeten nicht fest sind, sondern sich in unterschiedlichen Geschwindigkeiten vor dem Fixsternhimmel bewegen, ist es schwierig, sie auf dem erwähnten Himmelsglobus einfach abzubilden. Sammelt man jedoch über einen längeren Zeitraum hinweg Beobachtungen der Planetenpositionen, macht man eine interessante Feststellung. Die Planeten rasen nicht kreuz und quer über den Himmel, sondern auf einem relativ schmalen Band. Zeichnen wir weiterhin die scheinbare Bahn der Sonne um die Erde ein, so fällt zudem auf, daß sich alle Planeten jeweils ca. 8° oberhalb oder unterhalb der Sonnenbahn bewegen. Dies erklärt sich dadurch, daß sich die Planeten (aus heliozentrischer Perspektive gesehen) alle auf einer Ebene bewegen. Diese scheinbare Sonnenbahn bezeichnet man als Ekliptik (da eine Eklipse nur dann eintreten kann, wenn der Mond diese Bahn schneidet) und das 8° breite Band auf beiden Seiten heißt Zodiak.

Noch etwas ist für unseren Zusammenhang wichtig. Der Erdäquator (bzw. der Himmelsäquator, wenn man ihn ins All projiziert) und die Ekliptik befinden sich *nicht* in einer Ebene, sondern sind 23,5° gegeneinander geneigt. Aufgrund dieser ekliptischen Schiefe entstehen die Jahreszeiten.

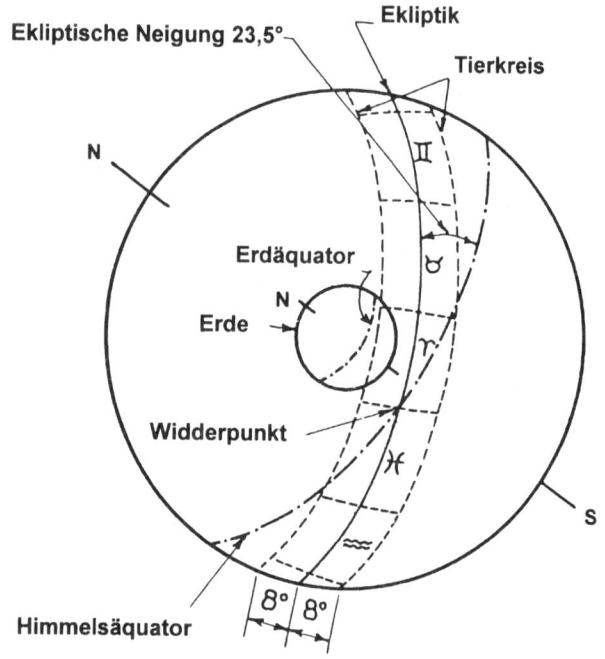

Abbildung 1: Die Himmelssphäre

Die Punkte, an denen sich Ekliptik und Himmelsäquator schneiden nennt man Frühlingspunkt (Widderpunkt) oder Herbstpunkt (Waagepunkt). Erreicht die Sonne diesen Frühlingspunkt (21. März), dann erleben wir in der nördlichen Hemisphäre die Frühlings-Tagundnachtgleiche. Der Widderpunkt wird deshalb als Beginn der Ekliptik angesehen. Indem man die Ekliptik nun in zwölf gleiche Segmente teilt, kann man ungefähr die Position eines Planeten bestimmen, da alle Planeten nur etwa 8° von der Mitte abweichen können. Diese Zwölfteilung ist bekannt als der Tierkreis, wobei jedes seiner Zeichen wiederum in 30° unterteilt wird. Betrachten wir nun Abbildung 1. Wir sehen eine stark vereinfachte Reproduktion der Himmelskugel, mit einem hervorgehobenen Tierkreis. Aber diese Zeichnung legt auch eine Vereinfachung unseres Problems nahe, wie wir Objekte auf einer Sphäre richtig auf ein Blatt Papier übertragen können. Da wir uns nur mit den Planeten befassen, befinden sich alle uns interessierenden Objekte innerhalb des Tierkreises. Würden wir nun ein „Messer" nehmen und unsere Kugel entlang der Ekliptik in zwei gleiche Hälften schneiden und den Querschnitt näher betrachten, würden wir folgendes sehen. Der kleinere der zwei konzentrischen Kreise bildet die Erde ab, der größere entspricht dem offenen Rand der Himmelskugel. Da sich die Planeten alle auf der Ebene dieser Halbkugel (sprich der Ekliptik) bewegen, handelt es sich um eine vernünftige Annäherung, die es so darzustellen gilt, als liefen sie tatsächlich auf diesem „Schnitt". Dieser Vorgang wird in Abbildung 2 verdeutlicht. Wir projizieren alle Planetenpositionen auf den äußersten „Rand", sprich auf eine elliptische Linie, oder einfacher gesagt: auf die Ekliptik. Die Zwölfteilung der Ekliptik haben wir bereits angesprochen und es wird nun sichtbar, daß man tatsächlich zu einer zweidimensionalen Darstellung der Himmelspositionen kommen kann. Als eine weitere Verfeinerung wird man beobachten, daß bestimmte Bereiche der Ekliptik über dem Horizont liegen, während man die Position der Planeten festlegt. Verbindet man die Punkte, so verläuft eine gerade Linie durch den Mittelpunkt der Erde.

Wenn wir unser Diagramm erneut zeichnen, ohne den Versuch, alle Umlaufbahnen festzuhalten, so kommen wir zu einer Zeichnung wie in Abbildung 3. Hieraus können wir mit einiger Genauigkeit die Stellung der Planeten von einem bestimm-

13

ten Ort und einer bestimmten Zeit ablesen. Wir haben ein Horoskop erstellt.

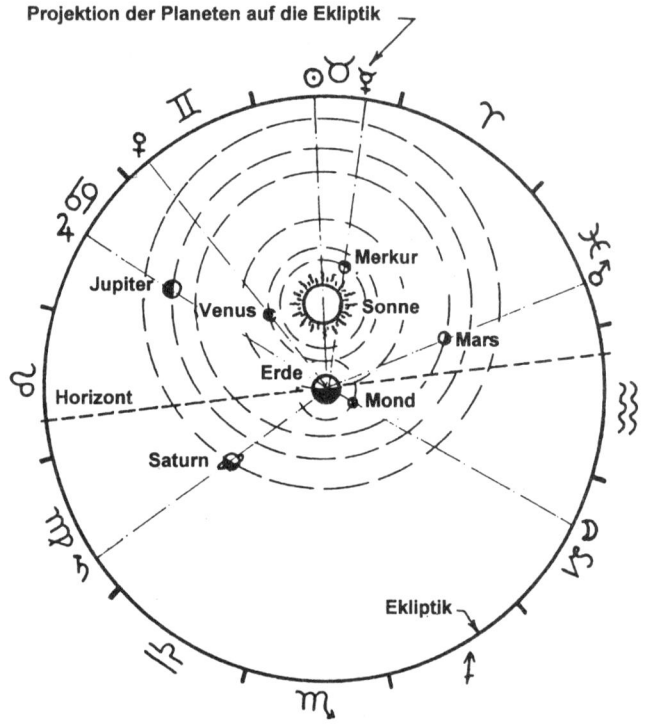

Abbildung 2: Die Himmelsspäre in Sektoren eingeteilt

Mit diesem Beispiel haben wir nur ein annäherndes Horoskop bekommen. Die tatsächlichen Rechenschritte zur Festlegung der Planeten und die Berechnung des aufsteigenden Horizonts (des Aszendenten) kann der Leser jedem Einführungsbuch entnehmen. Die Kenntnis dieser Abläufe setzen wir voraus, es war hier in erster Linie das Anliegen, die Vorstellungen und

14

Annahmen offenzulegen, die sich hinter dem mechanischen Berechnen abspielen. Es ist gleich von Anfang an wichtig zu erkennen, daß das Erstellen eines Horoskopbildes in Bezug auf die Verhältnisse der Himmelskugel einige Näherungswerte enthält und diesbezüglich können manche Faktoren nicht ganz genau wiedergegeben werden. Manche lassen sich überhaupt nicht zeigen.

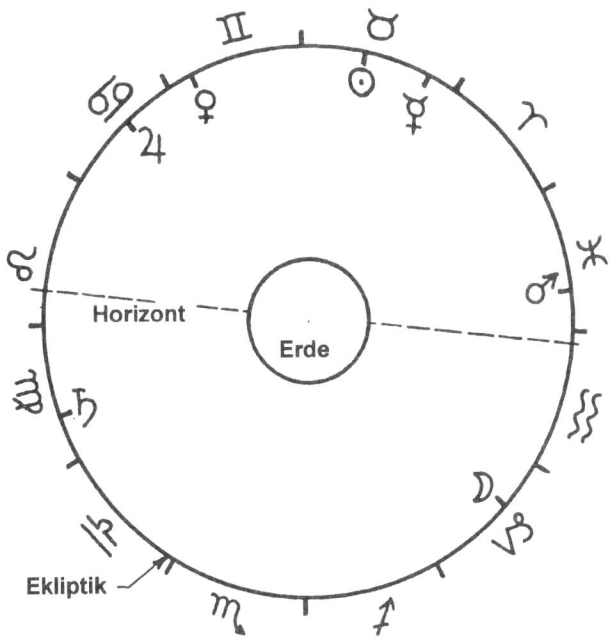

Abbildung 3: Die Himmelskugel im Horoskop dargestellt

Der Astrologe geht letzten Endes nicht nur mit einem Stück Papier um, sondern mit einem komplexen Problem der dreidimensionalen Sphärentrigonometrie und der Himmelsgeometrie. Sein Papier und das Horoskopbild sind nur zwei Werk-

15

zeuge, die er beim Versuch, mit den Planetenstellungen im Sonnensystem umzugehen, richtig einsetzen muß. Wenn wir uns im weiteren Verlauf näher mit den Häusern befassen, wird es besonders notwendig sein, die kosmische Wirklichkeit, die hinter dem Horoskop liegt, nicht aus den Augen zu verlieren.

Es muß noch erwähnt werden, daß ich in den Abbildungen 1, 2 und 3 nur die mit dem bloßen Auge sichtbaren Planeten eingezeichnet habe, um die Darstellung zu vereinfachen. Ich sollte auch erwähnen, daß es Horoskope gibt, die mit dem Äquator oder der ersten Vertikale als Meßkreis arbeiten. Bei dieser Betrachtungsweise verläßt man aber die Ekliptik, d.h. die Bahn, auf der sich die Planeten gemeinsam bewegen. Man gibt meines Erachtens eine wichtige gemeinsame Komponente auf und ich benütze nur Horoskope, die auf der Ekliptik basieren.

1.2. Die Häuserteilung

Unserem vereinfachten Horoskop fehlt nun jedoch noch ein ganz wesentlicher Bestandteil. Es sind die zwölf Speichen, die vom Mittelpunkt der Erde ausstrahlen. Die Horizontlinie entspricht zwei dieser Speichen. In Abbildung 4 sehen wir diese Einteilung in zwölf Sektoren, die gemeinhin als Häuser oder Felder bekannt sind. Sie werden im Uhrzeigersinn numeriert, wobei das 1. Haus unterhalb des Horizonts an der linken Seite des Horizonts liegt.

Jetzt können wir also jeden Planeten auf zweierlei Weise klassifizieren, nämlich entweder durch die Stellung im Tierkreis oder durch seine Hausposition. Die Sonne steht somit im Stier und im 9. Haus, Venus befindet sich in der Jungfrau und im 2. Haus usw.

Stark verallgemeinert kann man sagen, daß die Position eines Planeten in den Zeichen dazu benützt wird, um die Persönlichkeit des Geborenen zu beschreiben. Die Häuser dienen andererseits als ein Hinweis darauf, wie die Persönlichkeit oder die ihr innewohnenden Kräfte, in den Situationen und Bereichen des Lebens, nach Ausdrucksmöglichkeiten sucht. Wir werden später auch über die Bedeutung der Häuser reflektieren und ihre Herkunft untersuchen. Im Moment sollten wir unseren Blick jedoch wieder auf die Zeichnung werfen. Was haben wir mit diesen einfachen Linien eigentlich gemacht? Ich wiederhole, dieses Horoskop ist lediglich eine Methode zur Abbildung der Himmelssphäre oder der Ekliptik. Die Planeten auf dem „Querschnitt", oder genauer gesagt die Positionen der Himmelskörper, geben zunächst gar nichts zu erkennen. Erst die Projektion auf die zwölf Abschnitte des Tierkreises im Hintergrund eröffnet die Deutungsmöglichkeiten.

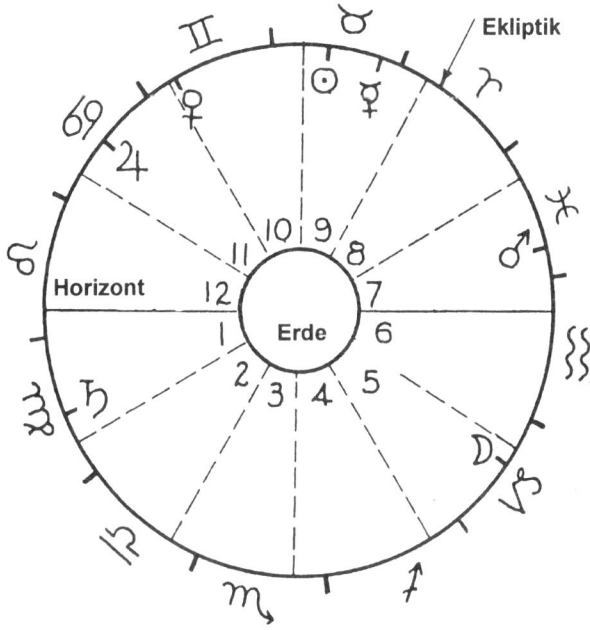

Abbildung 4: Horoskop mit Häusern

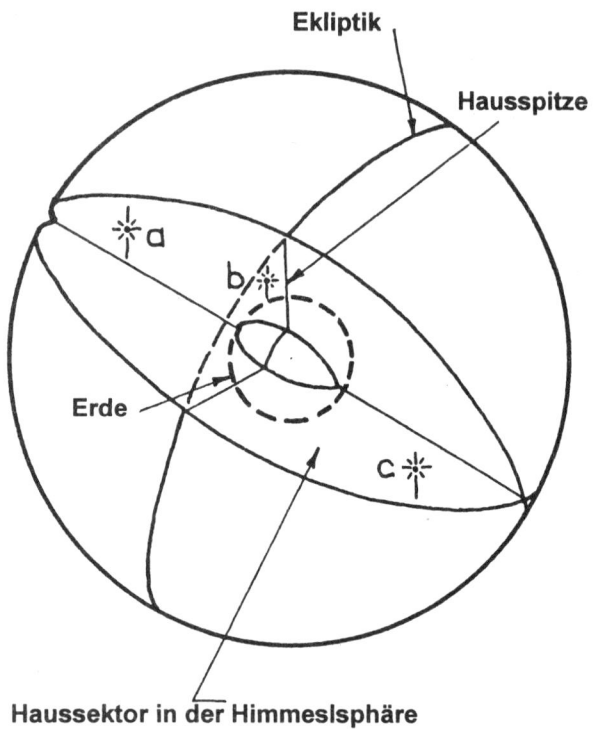

Ekliptik

Hausspitze

a

b

Erde

c

Haussektor in der Himmelsphäre

Abbildung 5: Dreidimensionale Darstellung des Hauses

Betrachten wir nun Abbildung 4, dann wird es sofort offensichtlich, daß die Häuserteilung zwei unterschiedliche Dinge repräsentiert. Auf den ersten Blick sind es nur „Speichen" im All, die von der Erde zur Ekliptik strahlen. Da unser Diagramm aber tatsächlich einen Querschnitt durch die Sphäre darstellt, können die Speichen auch genausogut zwölf Sektoren darstellen, welche die gesamte Himmelskugel in zwölf gleiche Scheiben einteilt. Das bedeutet, über jeder Teilungslinie (oder Häuserspitze) könnte man theoretisch einen senkrechten

Halbkreis errichten. Diese Scheiben nennt man Kugelzweieck, und diese Halbbögen bilden in Wirklichkeit die Häuser, nicht nur die Linie.

Die Häuser sind also weder nur gedachte Kurven im All, noch sind sie bloß eine andere Form zur Darstellung der Planten in den Zeichen. Wie das gesamte Horoskop selbst, so repräsentieren die Häuser ein dreidimensionales Konzept. Die Häuser teilen den gesamten Raum der Himmelskugel in zwölf Teile.

Die Dreidimensionalität der Häuser wird in Abbildung 5 erläutert. Daraus wird ersichtlich, daß nicht nur der Planet *b* der sich in Eklipiknähe befindet, in das Haus fällt, sondern auch die Sterne *a* und *c* – trotz der Entfernung – denn zum Haus gehört alles innerhalb des Halbbogens.

1.3. Der Häuserstreit

An diesem Punkt nun werden wir mit dem größten Streitpunkt innerhalb der Astrologie konfrontiert. Bisher haben wir die Teilung der Häuser offenbar sehr unkompliziert dargestellt. Zugegeben, man kann nach der Berechtigung für die Einteilung fragen, was tatsächlich auch geschieht; vielleicht läßt sich auch die räumliche Darstellung der Häuser auf dem Horoskop nicht direkt nachvollziehen. Doch die Problematik liegt an anderer Stelle. Ein Blick auf Abbildung 4 zeigt uns, daß der Prozeß, welcher zur Konstruktion der Häuser führte, nach folgendem Schema ablief:

- Plazieren Sie die Planeten in den entsprechenden Zeichen des Diagramms auf dem Schnitt durch die Himmelskugel entlang der Ekliptik.
- Zeichnen Sie den Horizont durch eine Linie an der richtigen Stelle der Ekliptik ein.
- Gehen Sie vom Horizont aus, teilen Sie den Kreis der Ekliptik in zwölf gleiche Segmente und die Punkte auf dem Kreis als Eckpunkt für den Halbbogen der Häuser.

Wir haben also, um die Himmelskugel in zwölf Bereiche aufzuteilen, die Ekliptik verwendet und zwölf gleiche Sektoren geschaffen. Ausgangspunkt war der aufsteigende Grad des Horizonts. Daran gibt es zunächst weder mathematisch noch astronomisch etwas zu kritisieren, warum auch. Wollen wir eine Kugel in zwölf gleiche Scheiben aufteilen, kann jeder beliebige Kreis auf der Oberfläche als Grundkreis, sprich als Ausgangsbasis für die Operation dienen. In geometrischer Hinsicht wird das Ergebnis immer dasselbe sein. Die Frage, warum wir uns für eine bestimmte Methode der Teilung entscheiden und diese den anderen vorziehen, läßt sich nur auf astrologischen Grundlagen beantworten. Die Himmelssphäre – die im geometrischen Sinne ein Kugel ist – ist unter astrologischen Gesichtspunkten keine „ebenmäßige" Kugel. Das bedeutet, es gibt bestimmte Punkte auf ihrer Oberfläche, aber auch im „Innenraum", die für den Astrologen besondere Bedeutung haben. Dies wurde bereits dadurch angedeutet, daß wir die Ebene des Horizonts so selbstverständlich als den Startpunkt für unsere einfache Häuserteilung gewählt haben. Der Horizont und insbesondere seine Schnittpunkte mit der Ekliptik am Aszendenten bzw. Deszendenten, gelten im Horoskop einhellig als besonders wichtig. Folglich ist der Horizont, oder genauer gesagt sein Schnittpunkt mit dem Himmelsgewölbe, ein herausragendes Element und unterscheidet sich von manchen anderen Punkten.

Auf ganz ähnliche Weise läßt sich eine ganze Familie von signifikanten Punkten und Himmelskreisen feststellen. Die Projektion des Erdäquators auf die Himmelskugel ist eine weitere wichtige Vorgehensweise. Dasselbe gilt für den Meridian, der direkt über uns von Norden nach Süden verläuft oder die erste Vertikale, die von Osten nach Westen verläuft. Die Pole der Erdrotation, aber auch die Pole der Ekliptik sind auch von maßgeblicher Bedeutung. Die Nord- und Südpunkte des Horizonts (in denen sich der Meridian mit dem Horizont schneidet) sind auch bis zu einem gewissen Ausmaß wichtig. Es ist also ganz offensichtlich, daß man angesichts der dargebotenen Möglichkeiten nur schwer eine Lösung für die einzig richtige Teilung der Himmelskugel findet. Aus all diesen Punkten und Kreisen müssen wir die Kombination heraussuchen, die astrologisch korrekt ist. Und genau um diese Frage dreht sich der Rest dieses Buches. Wir werden hierfür die den Häusern zugeschriebenen Bedeutungen und ihre Ableitung untersuchen. Wir werfen einen Blick auf die historische Entstehung der Systeme und ihre Zuverlässigkeit, aber auch auf die Glaubwürdigkeit hinsichtlich der astrologischen Grundannahmen. Außerdem sollen alle geometrischen, mathematischen oder astronomischen Fehler aufgezeigt werden, die bei der Anwendung der jeweiligen Häusersysteme auftreten können.

1.4. Theorie der Häuser

Der Zweck einer Teilung des Horoskops in zwölf Häuser liegt darin, dem Astrologen ein Mittel in die Hand zu geben, mit dem er abschätzen kann, wie sich der individuelle Charakter, so wie er in den Planetenmustern angelegt ist, in den verschiedenen Lebensbereichen zum Ausdruck kommt. Es entspricht der allgemeinen Erfahrung, daß wir Urteile über den Charakter eines Menschen zuerst nicht anhand seines Selbst fällen, sondern aufgrund seines sichtbaren Wirkens im Alltag. Nehmen wir zum Beispiel einen Bankangestellten und einen Sozialreformer. Auf den ersten Blick sind beide sehr verschieden und scheinen wenig gemeinsam zu haben. Dennoch ist es nicht unwahrscheinlich, daß sie im Inneren etwas Gemeinsames teilen, was sich nur eine andere äußere Darstellungsform sucht. Die Gefühle, die den Bankangestellten zu einer Genauigkeit im Umgang mit Zahlen und einer unantastbaren Ehrlichkeit in seinen Transaktionen anregen, können sich ganz parallel mit Wunsch des Reformers entwickeln, soziale Ungerechtigkeit zu beseitigen und Gerechtigkeit für alle zu schaffen.

In dieser Situation würde der Astrologe bemerkenswerte Übereinstimmungen zwischen den beiden Geburtsbildern vermuten, das heißt es dürften in beiden Horoskopen gleichartige Planetenbeziehungen vorliegen. Bei Personen mit gleichen Geburtsdaten wäre dies ein Stück weit gegeben, aber es liegt ja noch ein Unterschied von Ort oder Geburtszeit vor. Zwillingsgeburten sind ein besseres Beispiel und man wundert sich oft, warum gerade Zwillinge, die doch so viele ähnliche Persönlichkeitszüge aufweisen, dennoch so verschiedene Lebenswege beschreiten. Der Astrologe erklärt dies herkömmlicherweise durch die unterschiedliche Geburtszeit, die jeweils einen anderen Aszendenten ergibt, auch wenn die übrigen Konstellationen nur wenig verschoben werden. Die Rotation der Erdachse bedingt eine Verschiebung des gesamten Horoskops in Bezug auf den Horizont. Dies hat natürlich zur Auswirkung, daß die Planeten in ein anderes Horoskophaus fallen können. Da jedes Haus einen anderen Lebensbereich symbolisiert, bewirkt der Planet, daß dem jeweiligen Haus eine größere Bedeutung zukommt.

Der hauptsächliche Sinn der Häuserteilung liegt folglich darin, die menschlichen Bereiche der Erfahrung zu differenzieren und mit einer individuellen Note zu versehen. In gewisser Weise gleichen sie dem Lichteffekt, den wir erzeugen, wenn wir ein mehrfarbiges Glas vor einer Lichtquelle zum rotieren bringen. Der Beobachter wird in jedem Augenblick in eine andere Farbe getaucht – eine Farbe, die er im jeweiligen Augenblick ganz individuell empfindet – doch die Helligkeit des Lichtes bleibt immer unverändert. In vergleichbarer Weise „stoppt" das Horoskop die Erdrotation und die Häuser können als die vielfarbigen Gläser gedacht werden, die für einen Augenblick erstarren und uns einen Blick auf die Lichtquelle freigeben. Dem „Licht" entsprechen in diesem Fall die Planetenstellungen und diese sind repräsentativ für die Grundantriebe der Persönlichkeit. Die Häuser sind die Bereiche der Lebenserfahrung, in denen sich die Persönlichkeit verwirklicht.

So gesehen sind die Möglichkeiten eines Astrologen, Aussagen über die individuellen Bedingungen zu machen, ohne eine irgendwie geartete Häuserstruktur sehr eingeschränkt. Geschweige denn, daß er bei Geburten gleichen Datums oder Ortes aussagekräftige Unterscheidungen bezüglich der Lebensentwicklung treffen kann.

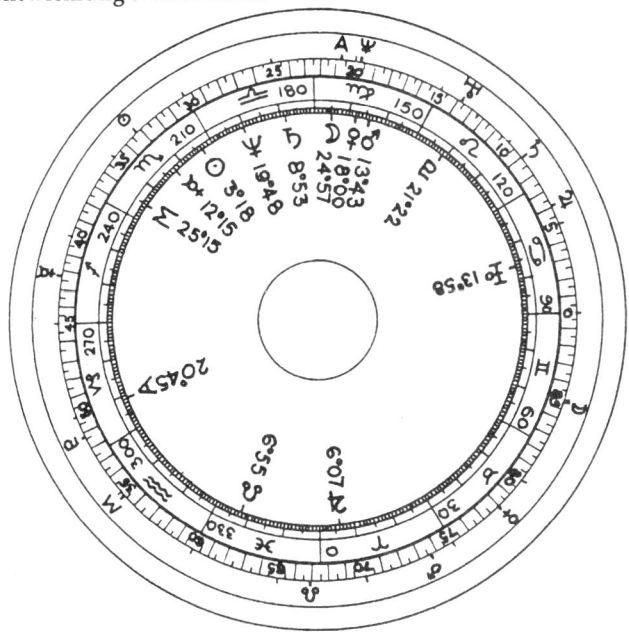

Abbildung 6: Das Kosmogrammn nach Ebertin

Hinsichtlich der dargestellten Wichtigkeit von Häusern ist es angebracht, kurz auf die Ebertin-Schule einzugehen, die aufgrund der Irritationen bei der Erstellung und der Unzuverlässigkeit der Methodik, die Häuser ganz beiseite läßt. Dies liest sich ANGEWANDTE KOSMOBIOLOGIE folgendermaßen:

„Nun begann aber eine Entwicklung, die später in die Irre führte. Den zwölf Tierkreiszeichen entsprechend teilte man das

23

Horoskop in Zwischenfelder ein, das heißt, jeder Viertelkreis wur-
de in drei Abschnitte zerlegt (...) Doch nicht nur das – man berech-
nete diese „Felder" nach verschiedenen Methoden, so daß sich
schließlich 14 verschiedene Feldermethoden entwickelten, die ma-
thematisch richtig berechnet waren, deren Bedeutung aber
schwankte, weil sich, den verschiedenen Methoden entsprechend,
die Grenzen und demnach auch ihr Deutungsinhalt verschoben.
Dabei spielte eine große Rolle, ob der Geburtsort mehr in der Nähe
des Äquators oder der Pole lag. (...) Als ich seinerzeit zu Dr. Koch
sagte, daß man Horoskope aus nördlichen Gegenden gar nicht
deuten könne, antwortete er: „So weit im Norden wohnen sowieso
keine Menschen mehr." Diese Aussage charakterisiert am besten,
was von einem solchen Feldersystem zu halten ist. Aus diesem
Grund verwenden wir in der Kosmobiologie keine Felder."[1]

Da ich ein ganzes Buch dem Thema Häusersysteme widme,
liegt es auf der Hand, gleich zu Beginn eine Reihe von schwierigen Fragestellungen, die mit dem Gebrauch der Häuser verbunden sind, zu behandeln. Es darf jedoch daran erinnert werden, daß eben diese Probleme zwischen den rivalisierenden
Methoden seit der allerersten Einführung der Häuser vor ungefähr 2000 Jahren bestanden. Bei aller Problematik gab es dennoch die einhellige Aussage, daß die Häuser trotz aller Unzu-
länglichkeiten, eine unschätzbare Interpretationshilfe darstellen. Die ersten Telefone waren untauglich und nur begrenzt
einsetzbar, aber es wäre dumm gewesen, sie deswegen ganz
aufzugeben.

Außerdem sollte man berücksichtigen, daß die größten
Probleme der Häuserteilung bei den verschiedenen Systemen
unter den besonderen Bedingungen hoher Breitengrade auftreten. Es kann zu großen Unterschieden der Häuserbreite kommen und manche Systeme versagen dabei tatsächlich vollkommen. Selbstverständlich müssen diese Schwächen sorgfältig

---

[1] Reinhold Ebertin, *Angewandte Kosmobiologie* (Freiburg, 1986⁵)
Seite 21.

untersucht und die auftretenden Mängel weitgehend reduziert werden; wir sollten jedoch im Gedächtnis behalten, daß die Astrologen früher damit kaum konfrontiert wurden. Die Astrologie der Vergangenheit konzentrierte sich mehr auf die mittleren Regionen des Globus. Dementsprechend traten bei den damals erstellten Geburtsbildern selten größere Differenzen bezüglich der Häusergrenzen in den unterschiedlichen Systemen auf.

Die alten Astrologen wurden nicht damit konfrontiert, daß eine andere Häuserteilung die Deutung drastisch verändern kann. Die Häuser stellten folglich selten eine Quelle für unsichere Auslegungen dar. Da ohne Ausnahme Mundanhäuser benutzt wurden, schien es nicht unvernünftig anzunehmen, daß daraus in der Praxis zufriedenstellende Ergebnisse resultierten.

Oder anders ausgedrückt, es scheint in der Vergangenheit eine einstimmige Übereinkunft darüber vorgelegen zu haben, daß die Astrologen die Teilung der Häuser unter geographischen Bedingungen oder Regionen entdeckt haben, in denen sich die Breitengrade nur geringfügig auswirken. Berechnen wir ein Horoskop bis zu einer Breite von ungefähr 40°, dürfte es sehr ungewöhnlich sein, daß Planeten in unterschiedliche Häuser wechseln, weil die Häuserspitzen in den Systemen nicht variieren. Folglich haben wir in diesen Regionen gute historische Gründe, mit einem der bekannten Häusersysteme zu arbeiten und daraus die Deutungen abzuleiten. Das Problem tritt tatsächlich erst dann zutage, wenn wir Geburtsbilder berechnen, die in höheren Breitengraden gelegenen Regionen angesiedelt sind. Erst dann stellen wir fest, daß die konkurrierenden Häusersysteme vollkommen andere Häuserspitzen ergeben, was zu interpretatorischen Differenzen führt. Folglich lautet die eigentliche Frage nicht, ob die Häuserteilung einen gültigen Bezugsrahmen zur Horoskopdeutung abgibt. Vielmehr muß man sich fragen, welches System die in niedrigen Breitengraden nachgewiesenen Deutungsinhalte der Häuser möglichst exakt in die astronomischen Gegebenheiten projiziert, die in höheren Breiten existieren. Dies ist ein ganz wichtiger Punkt, den man begreifen muß. Die traditionelle Astrologie unterliegt keiner Verpflichtung, den Wert und die Gültigkeit des Konzepts der Häuserteilung beweisen zu müssen, da die Methode nahezu 2000 Jahre an praktischer Erfahrung und Erprobung mit sich trägt. Der Astrologe hat vielmehr das Recht, überzeugende statistische Beweise von denjenigen zu erwarten, die die Idee der Häuser einfach abschaffen möchten. Ebensowenig ist der Nachweis akzeptabel, wenn er überwiegend auf Geburten in hohen Breitengraden basiert, wo Schwierigkeiten zu erwarten sind. Vielmehr muß die Unrichtigkeit der Technik in den geographischen Breiten demonstriert werden, wo sich die meisten Methoden in einem vernünftigen Einklang befinden. Da dies bis jetzt noch nicht geschehen ist, darf der Gebrauch der Häuser als ein gangbarer Weg angesehen werden und Fragen zu den Häusersystemen bleiben weiterhin von großer Bedeutung.

Es scheint mir wichtig, nochmals kurz über das Ebertin-System nachzudenken, um die Folgen einer Abschaffung der Häuser zu verdeutlichen. Ein Kosmogramm der Ebertin-Schule sehen wir in Abbildung 7. Wir können beobachten, daß es sich im wesentlichen um ein klassisches Horoskop handelt – ohne jegliche Häuserteilung. Die Tierkreiszeichen sind schon auf das Formular gedruckt, so daß Aszendent und MC nicht mehr immer an derselben Stelle links im Bild, sondern in ihrem jeweiligen Zeichen stehen. Der zusätzliche 90°-Kreis außen ist ein Hilfsmittel, um die Halbsummen schneller zu erkennen.

Vereinfacht gesagt, unterscheidet sich die Ebertin-Schule durch den starken Einsatz graphischer Methoden und die Berücksichtigung der Halbsummen zwischen den Planeten. Bezüglich der Halbsummen folgt Ebertin den Leitmotiven von Alfred Witte und der Hamburger Schule. Die Halbdistanzpunkte zwischen zwei Planeten gelten als sensitive Punkte, die aktiviert werden, wenn ein dritter Planet einen Aspekt zu ihnen bildet. Ebertins KOMBINATION DER GESTIRNEINFLÜSSE liefert die Interpretation für alle kombinierbaren Halbsummen. Die Ebertin-Schule folgte gewissermaßen noch in anderer Weise Witte, der vier hypothetische faktoren eingeführt hat und Ephemeriden für die vier hypothetischen Planeten Hades, Cupido, Zeus und Kronos erstellte. Die Ebertin-Schule arbeitete später über lange Zeit auch in ganz ähnlicher Weise mit dem Transpluto.

Die Bedeutung diesbezüglich läßt sich richtig einschätzen, wenn wir uns daran erinnern, daß Johannes Kepler die Häuser auch nicht für zuverlässig hielt und sie wegließ; aber gleichzeitig führte er acht Nebenwinkel als Ergänzung ein, die bis heute gebräuchlich sind. Durch die Zurückweisung der Häuser haben Kepler, Witte und Ebertin eines der wichtigsten Konzepte zur Individualisierung des Geburtshoroskops aufgegeben. Ohne Häuser kann man einfach nicht mehr so aussagekräftige Deutungen über die individuelle Natur einer Person machen. Die Interpretationen werden allgemeiner und passen zu einer größeren Anzahl an Geburten zum selben Zeitpunkt. Lediglich der aufsteigende Grad (AC) und der Kulminationspunkt (MC) bleiben übrig, um die Potentiale der Persönlichkeit zu differenzieren. Nun sind dies zwar wichtige Persönlichkeitsfaktoren, sie sind jedoch nur mit der Deutung der Persönlichkeit verknüpft, nicht aber mit der Reaktion dieses Charakters auf mundane Ereignisse. Um die Deutung auf solche Themenbereiche weiter auszudehnen, müssen die mundanen Bedeutungen der Tierkreiszeichen unter Berücksichtigung der jeweiligen Planeten verwendet werden, die in ihnen stehen. Zum Beispiel wird das Zeichen Stier in der Art des zweiten Hauses interpretiert und Planten im Stier werden als Hinweis auf finanzielle Angelegenheiten gesehen. An dieser Technik ist weiter nichts ungewöhnlich, aber wir sollten uns daran erinnern, daß die langsameren Planeten oft viele Jahre in einem Zeichen verweilen. Demzufolge wird für Personen, die verhältnismäßig gleichzeitig geboren sind, die Möglichkeit sehr gering, daß verschiedene Planeten im gleichen Zeichen stehen. Dies ermöglicht aber nur einen sehr ähnlichen Ausblick auf die meisten Lebensbereiche beider Geborener. Die Differenzierung wird dann hauptsächlich von den Aspekten und den Hauptachsen abhängen.

Daraus schließe ich, daß in jenen astrologischen Richtungen, welche die Häuserteilung zurückweisen (und damit die Möglichkeit individueller Deutung), andere Faktoren ergänzt wurden, in dem Versuch die Zahl der Informationsquellen des Horoskops zu erhöhen und damit einer individuellen Betrachtung größere Chancen einzuräumen. Kepler erfand die kleineren Winkel; zu den Sekundäraspekten gehört ein geringer Orbis, um die Wahrscheinlichkeit für schnellere Informationen zu erhalten. Witte arbeitete mit Halbsummen und führte seine vier transneptunischen Planeten ein. Ebertin arbeitete mit engen Halbsummen und fügte später den hypothetischen Transpluto hinzu. Außerdem wird großer Nachdruck auf den Nördlichen Mondknoten mit seinen Aspekten und Halbsummen gelegt.

Die Schwäche bei dieser Entwicklung müssen wir in zwei Richtungen suchen. Bei einer Verwendung von hypothetischen Planeten ist es notwendig, diese außerhalb der Bahn von Pluto anzusiedeln. Geschieht dies, so wird ihre Umlaufzeit gemäß den Gesetzen der planetaren Bewegung extrem langsam sein. Folglich werden diese neu hinzugefügten Faktoren wenig Aussagekraft hinsichtlich echter persönlicher Merkmale haben. Außerdem muß man hinterfragen, ob es angemessen ist, die Häuser einerseits mangels überzeugender Nachweisbarkeit zu ignorieren und statt dessen völlig mythische Planeten einzuführen.

Die Verwendung zusätzlicher Winkelverbindungen muß derselben Kritik unterzogen werden. Kein Himmelskörper, außer den Hauptachsen und dem Mond, bewegt sich mit ausreichender Geschwindigkeit, um neue Winkel zu erzeugen, die bei zeitlich eng beieinander liegenden Geburten zu unterscheidbaren Merkmalen führen. Die simple Vervielfachung der möglichen Aspekte – besonders der transplutonischen Planeten – löst keineswegs das Problem der Individualisation im Horoskop in angemessener Weise, denn die beteiligten Faktoren wandern nicht so schnell, daß sich eine notwendige Differenzierung ergibt.

Lediglich die Bewegung der Erde ist dementsprechend schnell. Daraus resultieren die „Persönlichkeitspunkte" Aszendent und Medium Coeli und es ist genau diese Bewegung, welche die Grundlage für die Häuser und deren Bedeutung ergibt. Demzufolge finden wir nur in den Häusern die zufriedenstellende Hoffnung auf eine individuelle Auslegung des Horoskops. Da der Preis so hoch ist, lohnt es sich bestimmt, die Vorstellung der astrologischen Häuser mit Sorgfalt und im Detail zu untersuchen.

2. Die historische Entwicklung der Astrologie

Werfen wir nun einen Blick auf die Geschichte der Astrologie. Vermutlich erwarten wir, ähnlich wie bei jeder Naturwissenschaft, die schrittweise Herausbildung einiger Grundprinzipien, die zu den Axiomen der Disziplin werden; gefolgt von einer schrittweisen Verfeinerung der Methoden seitens einiger Forscher, um exaktere und zuverlässigere Instrumente für den Astrologen zu erstellen. Man muß jedoch von Anfang an klar sehen, daß sich die historische Entwicklung der Astrologie eindeutig in zwei deutlich zu trennende Stränge spaltet. Der erste Teilabschnitt enthält eindeutig die stufenweise Vermehrung von Beobachtung, Theorie und Technik, was zuletzt die Vorstellung des Tierkreises mit seinen zwölf gleichen Zeichen hervorbrachte, der dann im Anschluß als Methode der Horoskopzeichnung eingeführt wurde. Die zweite große Ära der Astrologie (die wir vermutlich erst jetzt langsam verlassen) startete ungefähr mit der Verbreitung des Christentums: hier wurden dem Horoskop die Häuser hinzugefügt. Die wesentlichen Entwicklungen der letzten 2000 Jahre befaßten sich fast ausschließlich mit der Aufstellung der Prinzipien zur Häuserteilung und mit neuen Techniken zur Durchführung derselben.

Aus diesem Grunde könnte man – ähnlich wie in anderen wissenschaftlichen Bereichen – vermuten, daß die jüngeren Methoden ohne Frage die exakteren und maßgeblichen seien. Aus den verschiedensten Gründen würde sich diese einfache Vorgehensweise als falsche Hoffnung entpuppen. Zweifellos hängt dies mit der Tatsache zusammen, daß die Astrologie im Gegensatz zur herkömmlichen Wissenschaft in verschiedener Hinsicht Rücksicht nehmen muß. Zum einen läßt sie sich auf Einzelheiten ein und befaßt sich nicht mit Verallgemeinerungen; sie versucht also, den Mensch als Individuum zu behandeln und nicht nur in den Begriffen allgemein menschlicher

Faktoren zu erklären. Dies bedeutet, daß die Astrologie in einem weitaus geringeren Ausmaß Tests und Experimenten unterzogen werden kann, als beispielsweise die Chemie oder die Physik. Ein Mensch, der eine einmalige Schöpfung ist, kann als eigenständiges Selbst nicht Gegenstand einer wissenschaftlichen Analyse sein, welche ja als Grundvoraussetzung die Wiederholbarkeit jeden Experimentierens voraussetzt. Es gab und gibt Abermillionen von Menschen auf der Welt, aber es gab nur einen Napoleon, einen Hitler und einen George Bernard Shaw. Die Punkte, die einen Hitler zu einem Artgenossen des Homo sapiens bestimmten, sind zwar offen für jede herkömmliche wissenschaftliche Forschung; was ihn aber gerade zu „Hitler" machte kann nicht erforscht werden.

Demnach läßt sich beobachten, daß die chronologische Abfolge einer Vorstellung oder Grundidee in jenen Bereichen, die sich mit dem Individuum befassen, kein Leitprinzip für die Gültigkeit und Richtigkeit abgibt. Die Tatsache, daß C.G. Jung dem von Freud eingeschlagenen Weg nicht folgte, würde ja sonst implizieren, daß Jungs Werk über dem seiner Vorgänger stehen würde. Vergleichbar hierzu kann man auch nicht die Philosophie von Plato, Aristoteles, dem Christentum, dem Buddhismus und dem Islam in eine wertende Rangfolge bringen, nur weil sie historisch zu einem früheren oder späteren Zeitpunkt entstanden sind. Auch bei diesen Beispielen handelt es sich um Versuche, sich mit der Individualität des Menschen auseinanderzusetzen.

Aus diesem Grunde unterliegen viele mit der Deutung astrologischer Daten zusammenhängende Techniken denselben Bedingungen, da sie sich mit dem Wesen des jeweiligen Individuums befassen. Dies trifft in besonderem Maße zu, wenn wir an die Häuser denken. Wie gezeigt, sind diese mehr als jeder andere Faktor der Astrologie dazu da, über den Geborenen persönliche Aussagen zu ermöglichen. Dies bedeutet für uns nun, daß die Kriterien zur Beurteilung der Gültigkeit eines Häusersystems nicht in erster Linie von der Modernität der mathematischen Rechenprozesse abhängt oder einer ganz bestimmten Beziehung, die zu astronomischen Theorien oder Praktiken vorliegt; viel entscheidender ist vielmehr, ob es dem „Genius" der Astrologie als solcher entspricht. Anders ausgedrückt, es geht letztlich darum, ob die Rechenschritte möglichst exakt dieses Ziel der echten Individualisation widerspiegeln, welche das Endziel aller astrologischen Technik ist. Folglich gibt es keinen zwingenden Grund anzunehmen, daß ein später lebender Autor angemessener zum Kern der Sache vordringt. Was man von ihm erwarten muß ist, daß er soviel Einsicht in die Vorgänge besitzt, daß es ihm möglich ist, die Richtigkeit seines Systems zu beurteilen und dieses in den mathematischen Prozeduren richtig wiederzugeben.

Selbstverständlich können wir sagen, daß der spätere Urheber zu der besseren Synthese gelangen sollte, da er ja von seinen Vorläufern profitiert. Unglücklicherweise und aus den unterschiedlichsten Gründen, scheint dies für die Astrologie so wenig zuzutreffen wie für Philosophie, Religion oder vielleicht Psychologie. Die Menschen haben die Neigung, sich von einer Idee oder einem Gedankengerüst gefangennehmen zu lassen und dieses oft bis zu seiner unlogischen Schlußfolgerung fortzusetzen. Es kann tatsächlich sein, daß dies auch in der Astrologie gelegentlich vorkam, und daß manche der Methoden, die uns als Mittel zur Häuserteilung präsentiert werden, die spezielle Besessenheit einer Zeit für einen Teilaspekt abbildet; ein Teil der Wahrheit wurde für die ganze Wahrheit gehalten.

Zweitens sollten wir uns daran erinnern, daß die Astrologie bis heute noch immer eine Disziplin ohne Theorie ist. Es existiert kein *Buch der Astrologischen Theorie* – ja es ist sogar zweifelhaft, ob unser derzeitiger Wissenstand dieses überhaupt ermöglichen könnte. Selbstverständlich hat eine ganze Reihe von Autoren Annahmen für die Ursache geltend gemacht, welche astrologischen Phänomenen zugrunde liegen. So sprechen Astrologen noch immer davon, daß die Planeten bestimmte Menschen oder Ereignisse „beeinflussen", so als ob eine direkte mechanistische Verbindung bestünde zwischen dem Mitglied des Sonnensystems und dem Individuum auf der Erde. Andere nehmen dagegen Abstand von einem derart groben mechanistischen Zugang und suchen eine Erklärung anhand der Veränderung genetischer Strukturen durch die solare und die kosmische Strahlung; die Auslösung der irdischen Ereignisse erfolgt hier durch minutiöse extraterrestrische Kräfte, die stark genug sind, die Balance in feinst ausgewogenen Systemen zu verändern. Wieder eine andere Gruppe akzeptiert eher C.G. Jungs Vorstellung der Synchronizität, welche von einer zeitlichen Entsprechung zwischen irdischer und kosmischer Aktivität ausgeht, aber keine direkte Einwirkung kennt; die Himmelskörper symbolisieren kosmische Kräfte, die quantitative Funktionen von Raum und Zeit sind.

Nach dieser Erkenntnis wird es sofort offensichtlich, daß es der Mangel einer theoretischen Basis verunmöglicht, irgendeine theoretische Struktur mit einigermaßen Verläßlichkeit aufzubauen. Zur Astrologie als empirischer Wissenschaft, die auf Jahrtausende alter Beobachtung begründet ist, können wir heute nur dies formulieren: Sehen wir die Existenz einer Serie von Bedingungen (die Position und das Verhältnis der Planeten zueinander), dann können wir voraussagen, daß gleichzeitig damit auch andere Bedingungen korrelieren (nämlich das Wesen eines zu diesem Zeitpunkt geborenen Kindes). Die einzige Grundlage für die Richtigkeit dieser Schlußfolgerung entspringt der Tatsache, daß dies in der Vergangenheit zuverlässig funktioniert hatte und daß wir annehmen, daß dies folglich auch in Zukunft so sein wird. Allerdings wurde im Gegensatz zu allen anderen Wissenschaften keine Theorie für dieses Zusammenwirken entwickelt, die etwa besagen könnte, daß wir einzig aufgrund der theoretischen Voraussetzungen das Eintreten weiterer Ereignisse vorhersagen könnten, die bislang vielleicht noch nicht erkannt wurden, die nichts mit Astrologie zu tun haben oder ungelöste physikalische Probleme darstellen. Es gehört ferner zu den Kriterien der Wissenschaft, daß eine

Theorie in der Lage sein sollte, neue Ereignisse vorauszusagen und durch ihre Anwendung Wissen in anderen Situationen vorwegzunehmen. Das meiste der „astrologischen Theorie" war entweder im Widerspruch zu den allgemein angenommenen Gesetzen des Universums, oder andernfalls untauglich, alle Verzweigungen der Astrologie zur vollen Zufriedenheit zu erklären.

Folglich wird der Astrologe ständig auf wenige empirische Grundannahmen zurückgedrängt, um seine Arbeit zu untermauern. In der Essenz bestehen diese aus den symbolischen Bedeutungen, die man den Planeten und den Tierkreiszeichen zuschreibt. All dies ist – ähnlich wie die Sonne oder die Planeten – Teil der schenkenden Natur. Blätter sind grün; der Himmel ist blau; die Nacht ist schwarz; Planeten haben bestimmte Bedeutungen in den unterschiedlichen Zeichen. Dies wurde nicht durch theoretische Erwägungen erschlossen, sondern durch empirische Beobachtungen. Sobald die Beobachtungen über einen genügend langen Zeitraum durchgeführt wurden, um die Axiome der Astrologie aufzustellen, beginnen alle „theoretischen" Astrologen auf dem gleichen Sockel. Die Theorie und Technik einer Einteilung der Häuser, die von einer bestimmten Person erfunden wurde, ist nicht zwangsläufig der Anstoß für den nächsten, denn die empirischen Grundfakten wurden tatsächlich um keine neue Information erweitert. Das einzige Kriterium im Sinne der Theoriebildung ist die Glaubhaftigkeit der Vorstellungen des Axioms. So gesehen ist es durchaus möglich, daß sich ein späterer Astrologe manchmal im Nachteil befindet. Folgt er beispielsweise der Richtung eines Vorgängers, die von den Grundannahmen wegführt, so kommt er schließlich auch zu Ergebnissen, die als eine Abweichung von der eigentlichen Zielrichtung betrachtet werden müssen (egal wie brillant sie aus mathematischer Perspektive sein mögen).

Ich hoffe, der Leser hat Verständnis für diese ausholende Diskussion über die Theorie der historischen Entwicklung, aber sie wird uns nützlich sein. Nicht nur, daß wir zu einer Beurteilung der Methoden gelangen können, wir können sie auch im richtigen historischen Kontext erfassen. Die *Domifizierung*, sprich das System zur Unterteilung der Häuser, existiert nicht in einem Vakuum, sondern repräsentiert Wachstums- und Entwicklungsstufen verschiedener Ideen. Deswegen werden wir auf die historische Entwicklung eingehen und vor allem die Gesichtspunkte betrachten, die einen Bezug zu unserer Fragestellung haben. Daraus gewinnen wir etliche Einsichten, nicht nur in die einzelnen Systeme, sondern auch in ihre „Stammbäume". Jede Häusermanier verkörpert eine bestimmte Stufe in der Entwicklung von Ideen; und Ideen existieren in der Geschichte.

2.1. Die Antike Periode

Die Astrologie entwickelte sich parallel zur Entstehung der bedeutenden Hochkulturen an Euphrat und Tigris. Die großen Städte Mesopotamiens wie Kisch, Ur, Shuruppak oder Uruk wurden schon um 3500 v. Chr. gegründet. Die Sumerer verehrten die Götter der Sonne und des Mondes, die Planeten und manche Himmelskonstellation. Jede Stadt kannte ihre eigene Gottheit. In Ur stand der Mondgott *Sin* über allen anderen. Der Obergott von Sippar hieß *Schamasch*, Gott der Sonne; in Babylon hielt *Marduk* (Jupiter) Hof, während in Ninive *Ischtar* (Venus) gefeiert wurde. Die Fixstern-Gottheiten spielten ebenfalls eine Rolle und es gibt eine Liste von „Herrschern vor der Flut", die man im allgemeinen für eine Aufzählung von Stern-Gottheiten hält.

Das Reich der Sumerer brach um 2350 v. Chr. zusammen und wurde von den eindringenden Akkadern übernommen, die sich genötigt fühlten, die Ausschmückung ihrer eigenen Gottheiten den weiter zivilisierten Bräuchen ihrer Untertanen anzugleichen. *Schamash*, die Sonne wurde männlich (die man zuvor für eine Mutter-Göttin gehalten hatte) und *Ishtar* wurde in abendlicher Stellung zur Göttin der Liebe und als Morgenstern zur Göttin des Krieges erklärt.

Die Herrschaft von Akkad fand ungefähr 900 Jahre später durch die Invasion der Amoriter ein Ende. Während dieser Zeit bestand die astrologische Technik vorwiegend im Deuten von Omentexten, deren Vorhersagen auf Finsternissen, auf dem Erscheinen des ersten Neumondlichtes, auf den Mondhöfen und ähnlichen Ereignissen basierten. In einem Omen, welches sich auf die Zerstörung der Stadt Ur durch Eannatum ungefähr um 2400 v. Chr. bezieht, können wir lesen: „Wenn der Himmel bei der Beobachtung am Abend bedeckt und bei der Beobachtung am Morgen klar ist, sollst du nach Süden blicken und die Finsternis beobachten; dem König der Oberherrlichkeit wird ein Omen gegeben; die Entvölkerung von Ur und die Zerstörung seiner Mauern."

Etwa ein Jahrhundert nach Eannatum kam es unter der Herrschaft von König Sargon in Akkad zu vielfältigen astrologischen Betätigungen (2360 - 2305 v. Chr.). Im Enumu Anu Enlil finden wir Anweisungen für die Auslegung von Omentexten, die vom Mond, von der Sonne, den fünf Planeten, den Konstellationen, von Sternen und Kometen abgeleitet werden, aber auch von Naturereignissen wie Sturm, Regen oder Gewitter. Die Tafeln werden auf 1800 - 1500 v. Chr. datiert und bestehen aus über 7000 Himmelsomina oder Beobachtungen. Sie scheinen jedoch einer Tradition zu folgen, die aus der Zeit von König Sargon stammt.

Mit die wichtigste Periode finden wir in der ersten Dynastie von Babylon und hier wiederum vor allem unter der Herrschaft von Hammurabi (1728 - 1686 v. Chr.). Neben der weiteren Sammlung aller Beobachtungen aus früheren Jahrhunderten, wurde viel astronomisches Material hinzugefügt, um ein Handbuch der Astrologie zusammenzustellen.

Die bekanntesten babylonischen Tafeln stammen von MUL APIN. Obwohl diese vermutlich erst um 700 v. Chr. erstellt wurden, gehen sie doch 600 Jahre zurück und sammeln alle beobachteten Ergebnisse; darin sind eine Fülle an Informationen enthalten hinsichtlich von Sternbezeichnungen und der Details von Aufgang, Kulmination und Untergang der Sterne. Vorhersagen wurden noch immer aus dem Omen gelesen, welches die gegenseitige Beziehung der Planeten untereinander oder die Phänomene von Sonne und Mond betrachtete: „Steht Jupiter vor dem Mars, wird der Feldertrag gedeihen und eine Armee wird vernichtet."

Bei diesen Tafeln dürfte von besonderem Interesse sein, daß die Ekliptik noch nicht zum astronomischen Bezugsrahmen geworden war. Statt dessen bildeten die drei Wege von *Enlil*, *Anu* und *Ea* die Beobachtungsgrundlage. Der Anu-Weg war ein 17° breites „Himmelsrad", welches sich entlang des Äquators befand. Der südlich davon gelegene Teil hieß *Ea*-Weg, der nördlich davon verlaufende konzentrische Kreis hieß *Enlil*-Weg. Mit diesem Hilfsmittel gelang es ihnen, die jährliche Sonnenbewegung in vier Viertel einzuteilen: zunächst befand sie sich drei Monate im äquatorialen Weg von *Anu* und verbrachte danach drei Monate in der nördlichen Zone des *Enlil*. Es folgten wieder drei Monate in *Anu* und das letzte Viertel befand sich in der Deklinationszone von *Ea*. Das Lehrbuch MUL APIN wird auf 700 v. Chr. datiert, es erwähnt jedoch mit keinem einzigen Wort den Tierkreis, so daß wir mit einiger Sicherheit annehmen dürfen, daß dieser den babylonischen Astronomen noch unbekannt war. Sie scheinen zu diesem Zeitpunkt eher mit einer Unterteilung der drei Wege in 18 Konstellationen gearbeitet zu haben

Die sicher einschneidenste Phase in der Geschichte der Astrologie liegt in der Zeit zwischen 700 – 400 v. Chr. Der entscheidende Text mit dem Mondwegtierkreis aus 15 Sternen wurde von König Asschurbanipal (688 - 626 v. Chr.) veröffentlicht. Damals wurde eine Fülle an Material mit erstaunlicher Exaktheit gesammelt, um spätere eintreffende Ereignisse unter ähnlichen Umständen prognostizieren zu können. So finden wir in einer Tafel aus dem Jahre 567 v. Chr. folgenden Eintrag:

„Im 37. Jahre der Regierung von König Nebukadnezar, am 1. Nisan wurde der Neumond hinter den Hyaden sichtbar; Dauer 64 Minuten. Saturn stand im südlichen Fisch ... Am 12. Nisan stieg Jupiter in der Morgendämmerung auf. Am 14. Nisan war Gott mit Gott sichtbar (gemeint ist Sonne und Vollmond), 16 Minuten verstrichen zwischen Sonnenaufgang und Monduntergang ... Am 9. Sivan war Sommersonnenwende, am 10. Sivan lief der Mond 3½ Ellen über Antares vorbei."

Bis ungefähr 550 v. Chr. bestand die astrologische Methode in der Beobachtung der Verhältnisse zwischen den Planeten unter Berücksichtigung der drei Kreise von *Enlil*, *Anu* und *Ea*. Durch die Befragung alter Aufzeichnungen und der damit verknüpften Ereignisse, konnten die weisen Männer Prognosen im Hinblick auf ein mögliches Wiedereintreten wagen. Es handelte sich folglich um eine Astrologie, die vornehmlich zum Himmel blickte, um Omina zu erhalten, welche nach alter Tradition interpretiert wurden. Sie basierte strikt auf Beobachtung und es war in allererster Linie die Beziehung unter den Planeten, die eine vorrangige Rolle spielte (und nicht ihre bestimmte Position). Nichsdestoweniger darf angenommen werden, daß sich aus diesen Aufzeichnungen allmählich eine Struktur von größter Wichtigkeit herausentwickelte. Man gewann die Erkenntnis, daß die Planeten in bestimmten Abschnitten der drei Wege unabhängig von ihrer gegenseitigen Beziehung eine andere Bedeutung gewannen. Diese Entdekkung hat wohl auch zu einer grundsätzlichen Revision der angenommenen Einteilung in 18 Abschnitte geführt und die Zwölfteilung nach sich gezogen. Diese Zwölfteilung ist uns bis heute als fundamentale Vorstellung in der Astrologie erhalten geblieben: die zwölf Zeichen und die zwölf Häuser.

Das älteste uns bekannte Horoskop wurde im Jahre 410 v. Chr. für einen Sohn von Schuma-Uschur erstellt. Es plazierte Jupiter in den Fischen, Venus im Stier, Saturn im Krebs, Mars in den Zwillingen und den Mond neben das „Horn" des Skorpions, was der Waage entspricht. Merkur war nicht sichtbar.

Ich möchte ausdrücklich darauf hinweisen, daß weder in diesem noch einem anderen überlieferten babylonischen Horoskop der Aszendent erwähnt wird. Die Auslegung ist meist sehr kurz gehalten und beschränkt sich häufig darauf, ob das Geburtsbild gut oder schlecht ist.

Mit der Erfindung des Tierkreises entlang der Ekliptik im 5. Jh. v. Chr. wurde den Astrologen Babyloniens ein vollkommen neues Werkzeug in die Hände gelegt; außerdem wurde damit ihrer Tätigkeit ein starker mathematischer Anstoß verliehen. Spätestens um das Jahr 300 v. Chr. war der mathematische Tierkreis mit den zwölf gleichen 30°-Abschnitten – gemessen entlang der Ekliptik – bekannt, im Einsatz und akzeptiert. Wir müssen uns jedoch deutlich bewußt machen, daß es sich um weit mehr als nur um eine neue Einteilung des Himmels handelte, durch den sich die Planeten bewegten. Bis zum Ende der Keilschriftperiode wurden die aktuellen Planetenpositionen jeweils im Bezug auf die bekannten Fixsterne und die Konstellationen definiert, denn dies war nach wie vor die grundlegendste Beobachtungsmethode. Zu diesem Zweck machte es wenig Unterschied, ob man mit zwölf, achtzehn oder 36 Himmelszonen arbeitete. Die Bedeutung dieser Einteilung der Ekliptik in zwölf 30°-Abschnitte ist vornehmlich mathematischer Art, denn die Mathematik gab gleichzeitig ein Werkzeug und eine vernunftmäßige Erklärung her. Das Horoskop konnte von nun an als eine mathematische Gegebenheit behandelt werden, ohne sich ständig auf die ermüdende Beobachtung der Himmelskörper stützen zu müssen. Dies ließ Analysen und Forschungen in zuvor ungeahnter Weise zu.

Von daher verwundert es auch kaum, daß sich die Astrologie in der Folgezeit rapide über die gesamte bekannte Welt verbreitete, vor allem aber in Ägypten und Griechenland. Bereits im 5. Jh. v. Chr. berichtet Herodot, daß die ägyptischen Astrologen Vorhersagen anhand des Geburtstages machen. Allerdings sind uns keine astrologischen Texte aus dieser Zeit überliefert, lediglich Julius Firmicus Maternus behauptet, daß

Nechepso, Pharao von Saïs, eine astrologische Abhandlung verfaßte und es sind einige Horoskope erhalten geblieben, die nachweislich aus dem 4. Jh. v. Chr. stammen.

Der wichtigste Gesichtspunkt der ägyptischen Astrologie war jedoch deren Auswirkungen auf das hellenistische Geistesleben. Seit alters her wird behauptet, daß Thales (6. Jh.v. Chr.), Anaxagoras und Plato (4. Jh. v. Chr.) in Ägypten studiert hätten. Aber erst nachdem die Griechen die Bedeutung der 360° des Tierkreises richtig eingeschätzt hatten, konnte ihr Genius zur vollen Blüte gelangen. Deswegen war es Eudoxos von Knidos erst möglich, ein auf der Mathematik und Geometrie basierendes Modell des Kosmos zu entwerfen und in dieses alle wichtigen Querverbindungen der großen Kreise der Himmelssphäre zu integrieren. Im 2. Jh. v. Chr. konnte Hipparch dieses Werk mittels sorgfältiger Beobachtungen und mathematischer Brillanz erweitern; so befaßte er sich etwa mit so schwierigen Fragen wie der Präzession oder der ekliptischen Schiefe. Neben den Bestrebungen dieser Gelehrten, wurden die Bestandteile einer mathematisch klingenden Astronomie und Astrologie, bald vom Eintreten des Christentums umgestaltet.

Wir haben nun also die erste große Periode der Astrologie in kurzen Worten nachgezeichnet. Ausgehend von den dumpfen Anfänge in den Omentexten Mesopotamiens über den ersten Höhepunkt der Entdeckung des mathematischen Tierkreises bis hin zu einem plötzlichen Erblühen in den gedanklichen und geometrischen Weiterentwicklungen der Griechen. An diesem historischen Punkt waren nun alle Schlüsselfaktoren der Astrologie vorhanden: die Bedeutung der Planeten und Zeichen, ihre Winkelstellungen sowie die geometrischen Raumkonzeptionen, anhand derer die Himmelskörper auf wissenschaftlich akzeptable Weise analysiert werden können. Diesem Schema mußte jedoch noch eine letzte Entwicklung hinzugefügt werden, und dies sollte der Schwerpunkt der kommenden 200 Jahre werden.

Es muß jedoch nochmals eindringlich darauf hingewiesen werden, wie wichtig die Entdeckung des Zodiaks für die Astrologie war. Nur mit seiner Hilfe konnten die Phänomene des Himmels endlich zufriedenstellend in Begriffe gefaßt werden. Die Planeten standen nicht mehr nur für sich, sondern konnten mit dem Zeichen verknüpft werden. In jedem astrologischen Denkvorgang stand der Tierkreis an erster Stelle. Er war – und ist noch immer – das wichtigste begriffliche Instrument der Astrologie. Was auch immer die Astrologie ist oder tut, es muß letzten Endes ein Bezug zum Tierkreis vorliegen; wird dagegen verstoßen, so verletzt man die Genialität des astrologischen Konzepts. Deswegen müssen alle Techniken durch die „Brille" des Tierkreises betrachtet werden.

2.2. Die post-zodiakale Periode

Irgendwann kurz vor der Jahrtausendwende hielt eine neue Idee in den Köpfen der astrologischen Denker Einzug. Es galt schon als feststehend, daß das aufsteigende Zeichen einen starken Einfluß auf das Naturell und das Leben des Geborenen ausübte, und daß die Stellung der Himmelsmitte mit seiner Laufbahn zu tun haben müßte. Es war somit naheliegend, einen Bezug der Zeichen und Planeten zum Horizont – also im Verhältnis zum Geburtsort – zu vermuten, der Rückschlüsse auf das äußere Leben und die Umstände der Person zuließ.

Die Idee, daß eine zusätzliche Teilung der Ekliptik mit dem Geburtshorizont als Bezugspunkt möglich wäre, wurde offensichtlich erstmals ungefähr im Jahre 140 v. Chr. von dem ägyptischen Astrologen Petosiris vorgeschlagen. Diese zweite Einteilung sollte bestimmte Informationen über irdische Ereignisse im Leben des Geborenen zugänglich machen.

Einer der ersten Autoren, der diesen Gesichtspunkt aufgriff, war Manilius im 1. Jh. n. Chr. In seiner ASTRONOMICA verwendete er ein System, in welchem der irdische Gürtel der Ekliptik in acht Häuser eingeteilt wurde, beginnend mit dem

Aszendenten. Er betrachtete ferner die vier Quadranten als ein Abbild der vier Lebensalter des Menschen: der Abschnitt vom Aszendenten bis zum Zenit repräsentierte die Kindheit; dem Jugendalter entsprach der Quadrant vom Zenit bis zum Deszendent; Deszendent bis Nadir stand für die Reife; der Quadrant vom Nadir bis zum Aszendenten wurde mit dem Alter gleichgesetzt (es ist überaus interessant, daß sich Manilius diesbezüglich entgegen der anerkannten Anordnung der Häuser orientiert). Sein System fand jedoch keine Nachahmer.

Aber nachdem dieser Same gesät war, ließ die Erkenntnis, daß in der vom Aszendenten ausgehenden Teilung Parallelen zum Tierkreis selbst verborgen liegen, nicht lange auf sich warten. Die Eigenschaften, die den jeweiligen Zeichen aufgrund der empirischen Tradition zugeschrieben wurden, waren dergestalt, daß sie nicht nur die Vorstellung eines bestimmten Temperamentes enthielten, sondern ganz selbstverständlich auch mit entsprechenden mundanen Aktivitäten und physischen Eigenschaften verbunden wurden. Folglich bezog sich Widder (regiert von Mars) nicht nur auf eine Person mit aktivem, dynamischem und mächtigem Temperament, sondern war auch für seine starken Gedankenverbindungen mit der Beschäftigung eines Soldaten oder mit dem Gebrauch von eisernen Schneidewerkzeugen bekannt.

Logischerweise drängte sich der Gedanke geradezu auf, diese zweite Teilung so zu gestalten, daß sie die erst vorhandene mit den zwölf Zeichen widerspiegelte. Denn nicht nur die Zwölfteilung als solche bot Parallelen, sondern die tatsächlichen Deutungsinhalte der Zeichen deckten ja über weite Strecken schon die menschlichen Aktivitäten ab. Der natürliche Tierkreis (beginnend bei 0° Widder) wurde in einer exakt gleichen Teilungsweise wiederholt; nur wurde jetzt der Aszendentengrad als Ausgangspunkt genommen, von dem aus die mundane Horizontebene den Himmelskreis der Ekliptik schneidet. Diese zweite Teilung in zwölf Abschnitte hatte die spezielle Aufgabe, zu beschreiben, auf welche Weise das zodiakale Wesen des Menschen auf die irdischen Angelegenheiten projiziert wurde.

Dies entspricht dem System, welches Claudius Ptolemaeus in seinen TETRABIBLOS[2] 100 Jahre nach Manilius beschrieben hat. Sein Kompendium hatte weitreichende Auswirkungen und wurde zum Standardwerk der Astrologie wenigstens für die nächsten 1500 Jahre. Ptolemaeus selbst war kein Erneuerer. Er war vielmehr ein Sammler von Wissen, und diesbezüglich ging er vermutlich weit hinter Manilius und Petosiris zurück. Das Bedeutende an dieser Tatsache ist, daß wir annehmen können, daß die Mehrheit der Astrologen in der griechisch und römisch sprechenden Welt im 2 Jh. n. Chr. ein Häusersystem in ihre Horoskope einfügte, indem sie ausgehend vom aufsteigenden Grad zwölf äquale Häuser bildeten.

Das erste Buch der TETRABIBLOS befaßt sich vorwiegend mit allgemeinen Bedeutungen und Klassifizierungen der Planeten in Zeichen, Aspekten, an Achsen, als Dispositor und als Herrscher. Im zweiten Buch setzt er sich vorwiegend mit Mundanastrologie auseinander und präsentiert Materialien für die Zeichen in Verbindung mit Ländern, prognstische Methoden, Deutung des Neumondes, Kometen und Wettervorhersage. Das dritte und vierte Buch beschreibt im Detail die Deutung des Charakters und der Lebensereignisse mittels des Horoskops.

Im dritten Buch äußert er sich folgendermaßen: „*Nach der Untersuchung der Momente der Geburt wirft sich zuerst die Frage auf nach der Länge des Lebens. Denn schließlich wirkt es lächerlich, über die Charaktereigenschaft und die künftigen Taten eines Kindes etwas zu verkünden, wenn dieses nicht bis zu dem Alter gelangen wird, das die Voraussetzung der prophezeiten Handlungen ist. Diese Lehre ist nun aber weder einfach noch leicht, sondern*

2 Claudius Ptolemaeus,. *Tetrabiblos: nach der von Philipp Melanchthon besorgten seltenen Ausgabe von 1553* (Mössingen: Chiron Verlag, 1995).

setzt sich auf die verschiedenste Weise aus den einzelnen Aussagen der betreffenden Gestirne zusammen. Die den natürlichen Verhältnissen am vernunftgemäßesten entsprechende Art ist die, welche ihre Schlüsse aus dem Lebensverlängerer und dessen Beherrscher und andererseits aus den Todeshäusern und Gestirnen zieht.

Zuerst mag festgestellt werden, daß die Lebenshäuser, in welchen der Beherrscher über die Lebensdauer seinen Platz hat, sind: Der Aszendent von 5 Grad oberhalb des Horizontes bis zu den übrigen 25 Graden darunter und das elfte Haus, das den Namen des Bonus genius, der wohltätige Schutzgeist, führt, und nach rechts hin mit dem Aszendenten im Mundansextil steht. Desgleichen das Medium Coeli, welches mit dem Aszendenten im Mundanquadrat steht. Ferner das neunte Haus, dessen Name Deus, das Haus des Göttlichen ist, vom Aszendenten im Trigon entfernt. Zuletzt das dem Aszendenten gegenüberliegende siebte Haus".[3]

Es fällt auf, daß Ptolemaeus an erster Stelle das erwähnt, was normalerweise dem 12. Haus entspricht, er mißt jedoch den ersten fünf Graden über dem Horizont einen besonderen Bezug bei – nicht nur speziell für dieses Haus, sondern auch für den Aszendenten. Ein Planet, der in diesem Bereich, in einem Winkel- oder Kardinalhaus steht, ist besonders signifikant. Danach schaut er auf das 11. Haus, das 10. Haus und das 7. Haus.

Dieses Häusersystem mit seinen zwölf gleichen Teilen der Ekliptik wird auch heute noch von vielen Astrologen favorisiert und ist als *äquale Methode* bekannt. Der nächste wichtige Autor, mindestens im Hinblick auf unser Thema, ist Julius Firmicus Maternus. Er widmete sein achtbändiges Werk über die Astronomie mit dem Titel MATHESEOS LIBRI Mavortius Lollianus, einem Staatsbeamten unter Kaiser Konstantin dem Großen (306 - 337). Firmicus gelangt zu den Hauptachsen des Horoskopes, indem er zur Gradzahl des Aszendenten 90° addiert, um das Imum Coeli zu errechnen, 180° für den Deszen-

---

[3] Claudius Ptolemaeus: Tetrabiblos (Mössingen, 1994) S. 162ff.

denten und 270° für die Himmelsmitte dazurechnet. Stünde der Aszendent auf 10° ♊, befände sich das IC auf 10° ♍, der Deszendent auf 10° ♐ und das MC auf 10° ♓.

Firmicus wußte sehr wohl, daß es nicht Nadir und MC waren, die 90° vom Aszendent entfernt lagen, sondern nur ein Winkelpunkt. Er reproduzierte jedoch die Methode des Petosiris. Die vier Eckpunkte des Firmicus entsprechen der Spitze des 1., 4., 7. und 10. Hauses gemäß der Methode, die Ptolemaeus vertrat. Ganz ähnlich gelangte er zu den Zwischenhäusern, indem er einfach jeden Quadranten in jeweils drei gleiche Abschnitte zu 30° unterteilte. Steht der Aszendent also auf 10° ♊, dann liegt die Spitze des 2. Hauses auf 10° ♋, die Spitze des 3. Hauses auf 10° ♌ usw.

Bis zu einem gewissen Ausmaß war Firmicus jedoch ein Antiquar, denn viele Astrologen seiner Zeit hatten sich von der einfachen Methode der äqualen Häuser nach Ptolemaeus abgewendet und arbeiteten mit einer Verbesserung, die Porphyrios im 3. Jahrhundert in seinem KOMMENTAR ZU DEN TETRABIBLOS eingeführt hatte. In dieser Schrift versuchte Porphyrios die Bedeutung der beiden vertikalen Horoskopachsen (IC und MC) für die Interpretation irdischer Dinge hervorzuheben. Es war schon seit Jahrhunderten allgemein anerkannt, daß die Himmelsmitte von großer Wichtigkeit für das öffentliche Auftreten und den Ruhm des Geborenen ist. Auf der anderen Seite schien das IC vorwiegend für das private und häusliche Leben angemessen zu sein. So gesehen gab es eine offensichtliche und starke Entsprechung zwischen diesen beiden Achsen und der Auslegung des 4. und 10. Hauses. Unglücklicherweise war es nun aber so, daß die Anwendung der von Firmicus vertretenen äqualen Methode zur Folge hatte, daß 10. Haus und MC selten übereinstimmten, oftmals fiel die Himmelsmitte beispielsweise überhaupt nicht mehr ins 10. Haus.

Porphyrios seinerseits zog nun folgerichtig in Erwägung, daß ein geeignetes System Aszendent, Deszendent, Imum Coeli und Medium Coeli als Spitze des 1., 7., 4. und 10. Hauses verwendet (egal ob der Winkel 90° beträgt oder nicht). Durch eine Dreiteilung des Bogens der Ekliptik zwischen den Achsen (also den Quadranten) in gleiche Sektionen gelangte er zu den Spitzen der Zwischenhäuser. Es muß festgehalten werden, daß die Häuser nun keineswegs gleich groß sind, sondern sich in zwei Untergruppierungen spalten. Die Häuser 1, 2, 3, 7, 8 und 9 sind gleich groß und die Häuser 4, 5, 6, 10, 11 und 12 ebenfalls.

Soweit wie möglich versuchte Porphyrios, die Vorstellung der zwölf gleichen Häuser, welche die zwölf Zeichen widerspiegeln, aufrechtzuerhalten, legte aber gleichzeitig starken Nachdruck auf die Bedeutung von MC und IC für die Ereignisebene des Geborenen. Er konnte nun aber leider nicht mehr behaupten, seine Häuser seien äqual. Dennoch handelte es sich um eine wichtige Weiterentwicklung, die darüber hinaus die Grundlage für spätere, noch komplexere, mathematische Modelle hergab. Einige Astrologen verwenden das System von Porphyrios auch heute noch.

Im Gefolge von Porphyrios und Firmicus gab es kaum noch signifikante astrologische Arbeiten in der griechischen und römischen Welt. Eine Umschreibung der Erkenntnisse von Ptolemaeus durch Proclus im 5. Jh. ist der einzig nennenswerte Versuch. Für die nächsten 800 Jahre wurde die Fakkel an die arabischen Astrologen weitergereicht.

Die TETRABIBLOS wurden im 8. Jh. von dem jüdischen Astrologen Al Batrig Mashallah von Bagdad ins Arabische übersetzt. Dies hatte nachhaltige Wirkung und der Großteil der arabischen Astrologie basiert auf den von diesem Text transportierten Ideen. In Bagdad wurde zu dieser Zeit eine große Schule von Astrologen gegründet, die bemerkenswerte Fortschritte in mathematischer und trigonometrischer Methodik hervorbrachte.

Die ELEMENTE DER ASTROLOGIE, im 11. Jh. von al-Biruni verfaßt, enthält die zu diesem Zeitpunkt bekannten Techniken der arabischen Astrologie. Grundsätzlich folgt er den bekannten Einteilungen und Deutungen der Zeichen und Planeten, die von Ptolemaeus her vertraut war. In manchen Dingen beschritten al-Biruni und seine Anhänger jedoch ganz neue Wege. Zum einen arbeiteten sie mit den 28 Mondhäusern – jedes ungefähr der täglichen Bewegung des Mondes entsprechend – die eine eigene Auslegung erhielten. Die andere (und vermutlich die interessantere) Neuerung waren die Himmelslose, auch arabische oder sensitive Punkte genannt. Hierbei handelt es sich um eine Reihe von Häusern, die durch die Teilung der Ekliptik in zwölf 30° Abschnitte errechnet werden, die ihren Ausgang von der Sonne, dem Mond oder einem Planeten nehmen. Der Mond ist in solch einem Sonnenhoroskop der „Glückspunkt", Merkur ergibt den „Punkt für Handel", Venus den „Punkt für Liebe". Fällt der Mond in einem Sonnenhoroskop ins 7. Haus, so fällt der Glückspunkt in einem Horoskop mit Aszendent an der Spitze des 1. Hauses ebenfalls ins 7. Haus. Die arabischen Punkte sind demzufolge nur eine Variation der äqualen Häusermethode, setzen aber lediglich die Sonne oder jeden anderen Planeten anstelle des Aszendenten an die Spitze des ersten Hauses. Es ist jedoch ganz wichtig festzuhalten, daß die arabischen Astrologen damit Porphyrios Annahme, die Hauptachsen seien die Rahmenbedingung für die Errichtung der Häuser, verwarfen und zu Ptolemaeus' früherer Vorstellung zurückkehrten (äquale Häuser unabhängig vom MC).

Die islamischen Autoren hatten jedoch starken Einfluß auf Europa, denn die Astrologen des Mittelalters zogen ihr Wissen vorwiegend aus lateinischen Übersetzungen der Araber; nennenswerte Übersetzer sind Michael Scotus und einige jüdische Autoren aus Toledo. Zu den bekannten Werken, die auf diese Weise zugänglich gemacht wurden zählen unter anderem OPUS DE NATIVITATIBUS und FLORES ASTROLOGIAE von Albumasar (9. Jh.); INTRODUCTORIUM AD SCIENTIAM JUDICIALEM ASTRONOMIAE von Alcabitius (10. Jh.); LIBER IN JUDICIIS ASTRORUM von Albohazen und DE REVOLUTIONIBUS NAVITATUM von Abenragel (11. Jh.).

Besonders einflußreich war Ibn Ezra, ein jüdischer Autor, der in Spanien lebte und hoch angesehene astrologische Werke verfaßte, welche die arabischen Methoden in ganz Europa verbreiteten. Seine mathematischen Anregungen bezüglich der Häuserteilung wurden von Regiomontanus im 15. Jh. aufgegriffen, dessen Methode auch heute noch oft verwendet wird.

Wir sollten jedoch nicht annehmen, daß die Astrologie zwischen dem 4. und 12. Jh. in Europa völlig eingeschlafen ist. Bischof Isidor von Sevilla schrieb im 7. Jh. über die Astrologie. Der gelehrte Abt Beda (674 - 735) stellte die Schrift DE TEMPORIBUS zusammen, die später von Abt Aelfric aus dem Lateinischen ins Angelsächsische übertragen wurde. Andere wichtige Schriften stammen von Alkuin von Tours (8. Jh.), Notker Labeo, einem Mönch aus St. Gallen, Papst Silvester II., Papst Johannes XIX. und dem zu Paris lehrenden Hugo von St. Victor (die alle im 10. Jh. lebten). Trotz dieses nicht unbedeutenden astrologischen Interesses, lag das eigentliche Schwergewicht bei den arabischen Gelehrten. Nur wenige unentwegte Anhänger hielten die Fackel im christlichen Abendland hoch, waren jedoch nicht in der Lage, neues Öl nachzugießen, um die Flamme zu vergrößern.

Ab Mitte des 13. Jh. begann sich die Situation vollkommen zu verändern. Der muslimische Vorstoß nach Europa – sowohl geistig wie körperlich – verlor an Kraft, und ein neuer Geist der intellektuellen Neugier erwachte im Abendland. Der bereits erwähnte Michael Scotus, dem die Erzbischofswürde angeboten wurde, verweigerte diese. Als Hofastrologe Friedrichs II. hatte er ebenso großen Einfluß. Er war ein exzellenter Gelehrter mit besten Kenntnissen der arabischen Sprache. Weitere wichtige Werke aus jener Zeit stammen von Guido Bonatti, Peter Hispanus (Pseudonym von Johannes XIX.), Albertus Magnus und Thomas von Aquin. Roger Bacon und Duns Scotus können ebenfalls aufgezählt werden.

In diesem Ferment reifte die erste technische Weiterentwicklung seit den Tagen Porphyrios heran. Johannes Campanus war Kaplan von Papst Urban IV. und ein begabter Mathematiker. Er entwickelte eine Häusermanier, welche noch heute von vielen angesehenen Astrologen als die beste zur Interpretation von Lebensereignissen angesehen wird.

Campanus erkannte die Stärke von Porphyrios Gedanken, daß MC und IC mit den Spitzen des 10. und des 4. Hauses zusammenfallen sollten. Er sah jedoch auch die Schwächen von Porphyrios Ansatz. Nahm man diese Punkte und bildete danach die Zwischenhäuser durch das simple Teilen des Bogens zwischen diesen und den auf- oder absteigenden Punkten, so war die Idee der gleichen Häuser im Erdraum zerstört. Dies heißt einfach, man kann die zodiakale Länge der Häuserspitzen nicht wie Porphyrios als Grundstock für die Erstellung von Häuserabschnitten gleicher Größe verwenden. Man muß sich einer inäqualen Methode anvertrauen.

Da die Häuser ganz offensichtlich die äquale Einteilung der Ekliptik durch die Zeichen widerspiegeln, muß dies als ein Einspruch erster Priorität gewertet werden. Campanus erkannte, daß diese Sackgasse durch die Vermischung zweier Meßkreise zustande kam. Die Ekliptik (und der Tierkreis) entspricht der jährlichen Bewegung der Sonne um die Erde. Die Hauptachsen stehen dagegen in Bezug zur täglichen Bewegung der Erde um die eigene Achse. Wenn man folglich die Hauptachsen zur Festlegung der Häuserspitze des 1., 4., 7. und 10. Hauses nimmt, sollten die Zwischenhäuser ebenfalls unter Berücksichtigung der täglichen Bewegung der Erde konstruiert werden (und nicht mit der an der Ekliptik gemessenen Sonnenbewegung).

Campanus suchte nach einem anderen Bezugskreis und unterteilte hierfür die Himmelskugel zunächst mittels Horizont und Meridian (die sich am Nord- und Südpunkt des Horizonts schneiden) in vier Quadranten. Danach konstruierte er einen weiteren Großkreis, der senkrecht auf diesen beiden steht. Dieser heißt Erster Vertikal und verläuft durch die Ost- und Westpunkte des Horizonts sowie durch den Zenit und den

Nadir. Wurde der Bogen des Ersten Vertikal zwischen den Hauptachsen in drei gleiche Abschnitte geteilt, erhielt man zwölf räumlich gleich große Stücke. Die Großkreise, die durch diese Punkte sowie den Nordpunkt und den Südpunkt des Horizonts verlaufen bilden die Begrenzung der Häuser. Die Ekliptik, die ja weder mit dem Meridian noch mit dem Horizont unmittelbar in Verbindung steht, wird von diesen Kreisen geschnitten, diese Kreise erscheinen auf der Ekliptik als Häuserspitzen zwischen den Hauptrichtungen. In dieser Hinsicht hat die Manier des Campanus starke Ähnlichkeit mit dem Porphyrios-System. Es gelang ihm, die Himmelsrichtungen für die vier kardinalen Häuser zu bewahren und gleichzeitig den die Erde umgebenden Raum in gleiche Scheiben zu teilen, auch wenn diese Häuser auf der Ekliptik unterschiedliche Größe haben. Dadurch daß er den ersten Vertikal vorzog, schuf Campanus zugleich auch einen Präzedenzfall, denn erstmals wurde die Position eines Planeten nicht mehr nur ausschließlich in Beziehung zur Ekliptik betrachtet.

Das Campanus-System wurde im 15. Jh. von dem Wiener Professor für Astronomie Johannes Müller, besser bekannt als Regiomontanus, um einen weiteren Schritt verbessert. Müller war ein vielseitig begabter Mann, er übersetzte Ptolemaeus ALMAGEST, zeichnete für die Veröffentlichung zahlreicher Publikation über Mathematik und Trigonometrie verantwortlich, ebenso auch für ersten gedruckten Ephemeriden. Müller kam zu der Schlußfolgerung: Wenn die Häuser tatsächlich mit der Bewegung der Erde in Verbindung stehen und nicht mit er Ekliptik, dann wäre es doch viel logischer, die Teilung des Erdraumes an denjenigen Elementen vorzunehmen, die diese Bewegung beschreiben und nicht an dem „statischen" ersten Vertikale des Campanus. Regiomontanus schlug deshalb vor, den Himmelsäquator als Bezugskreis zur Bestimmung der Häuserspitzen zu nehmen, denn dieser stand unmittelbar mit der Bewegung der Erde in Zusammenhang.

Seine Häuser basieren auf dem Meridian und dem Horizont (womit sichergestellt ist, daß die Hauptachsen Häuserspitzen ergeben) und den Großkreisen, die durch den Nordpunkt und den Südpunkt des Horizonts verlaufen. Danach wird der Himmelsäquator in drei gleiche Bogen unterteilt.

Das 15. und 16. Jh. brachte einige bedeutende Astrologen hervor. Paracelsus, Girolamo Cardano, Nostradamus, Valentine Naibod, und Franciscus Junctinus, um nur einige zu erwähnen. In dieser Periode zeichneten sich jedoch auch neue Entwicklungen ab, die alle Diskussionen um die Häusermanier überschatteten. Das 16. Jahrhundert wird völlig beherrscht vom Entstehen der heliozentrischen Theorie als Folge der Beobachtungen und Schriften von Kopernikus und Tycho de Brahe; von dem mathematischen Genie Johannes Kepler und seiner Entdeckung der Gesetze der Planetenbewegung; und der Verwendung des Teleskopes durch Galileo Galilei. Ein neues Bild von Erde und Himmel kristallisierte sich heraus, welches eine mathematische Behandlung der Planetenbewegung versprach, von der man zuvor nicht einmal zu träumen gewagt hatte. Gleichzeitig bildete die neue Weltsicht auch den Keim für Zweifel an der Theorie, auf der sich die Astrologie begründete.

Seit der Zeit Keplers, also ab dem 17. Jh., kann man sich des Eindrucks nicht erwehren, daß die Astrologie ihre treibende Kraft verloren hat. Die Namen, denen wir in der Folgezeit begegnenwerden, bezeichnen kompetente und fähige Menschen, doch ohne die intellektuellen Qualitäten, diese Disziplin in neuere Bereiche führen zu können. Sie spielen eher die Rolle der Nachhut, die durch ein starres Festhalten am Althergebrachten versucht, der wachsenden Flut wissenschaftlicher Kritik standzuhalten. Der einzige kühne Geist war Placidus de Titis, ein Mönch und Professor der Mathematik an der Universität Padua. Er verwarf die Vorstellung völlig, Häuser durch die statische Teilung der Himmelskugel festzulegen und setzte an ihrer Stelle eine Methode der Häuserteilung aufgrund der

Bewegung des aufsteigenden Grades in 24 Stunden durch die Ekliptik. Er zog sofort die Mißbilligung seiner Zeitgenossen auf sich. Sicher gibt es Gründe, seine Theorie zu hinterfragen, aber man spürt, daß die Angriffe eher in der Angst vor dem Neuen in unsicheren Zeiten begründet war, als in der sachlich nüchternen Mathematik. So schrieb der Astrologe Bishop: „Was für eine verzweifelte Raserei wäre es auf die großen Persönlichkeiten aller Zeiten zu verzichten; der berühmte William Lilly, der angesehene John Gadbury, der bewunderte Henry Coley, der große und gelehrte Sir George Wharton, und nur um auf Placidus oder einen placidianisierten Ptolemaeus zu vertrauen." Eine Attacke, die sich mehr an die Emotionen richtete als gegen rationale astrologische Argumetation.

Es war Sir Isaac Newton, der die Astrologie zu Beginn des 18. Jh. endgültig aus der ernsthaften wissenschaftlichen Forschung vertrieb. Durch seine Gravitationsgesetze schien er zu demonstrieren, daß jede Auswirkung eines Planeten auf die Erde so minimal und unmeßbar war, und folglich ohne Effekt blieb. Jede Behauptung, daß die Planeten das menschliche Leben beeinflussen würden, konnte nun als fehlgeleiteter Aberglaube abgetan werden und stand fern jeder wissenschaftlicher Erkenntnis.

Nachdem die intellektuelle Ehrbarkeit erst einmal verloren war, blieb dieser alten Wissenschaft nur noch die Ausflucht in die dunkle Welt des Okkulten. Dort blieb sie bis zu ihrer Wiederbelebung gegen Ende des 19. Jahrhunderts, vor allem durch Alan Leo (William Frederick Allen), der selber Okkultist war und Sepharial (Walter Gorn-Old). Sie wurde weiterentwickelt und ihr Einfluß nahm von diesem Zeitpunkt an stark zu. Neue Ideen und Theorien überschlugen sich und oft ist der Astrologe heute verwirrt ob der zahlreichen Möglichkeiten.

Aber es ist nicht unser Anliegen, die Erneuerung der Astrologie im 20. Jh. zu erforschen. Wir wollen vielmehr versuchen, übergreifende Muster in dieser zweiten Periode der westlichen Astrologie seit Beginn der christlichen Ära zu erkennen. Zunächst kann man ein schrittweises und ungestörtes Gedeihen bis ins 17. Jh. abgrenzen. Mit der Geburt der Naturwissenschaft stürzt der sanft dahin fließende Strom in einen turbulenten Strudel, verschwindet und taucht nach 250 Jahren mit neuer Kraft wieder auf. In zweiter Instanz waren die Astrologen dieser Periode (sowohl in den ersten 1700 Jahren als auch in den letzten 80 Jahren) vorwiegend mit der Häuserfrage beschäftigt.

Die herausragenden Persönlichkeiten, die wesentliche neue Denkrichtungen in die Astrologie hinein getragen haben, befaßten sich auf verschiedene Weise mit der Häuserteilung. In der Antike waren es zunächst Petosiris, Ptolemaeus, Firmicus Maternus und Porphyrios. Die moslemischen Astrologen brachten ihre mathematischen Techniken und die Häuser der arabischen Punkte ein. Im Mittelalter ragten die Namen Campanus und Regiomontanus heraus. Selbst der große Kepler, dessen Gesetze der Planetenbewegung die Grundlage für exakte Ephemeriden hergaben und der ausgiebig über die Astrologie schrieb, entwickelte nur ein paar Nebenwinkel. Man mag Lilly, Culpeper, Gadbury oder Flamstead bewundern, aber die Lektüre ihrer Schriften vermittelt einem wenig neues hinsichtlich der astrologischen Technik. Placidus dagegen ist äußerst wichtig.

Wenn wir also die vorchristliche Zeit als die Ära der Tierkreisastrologie benannt haben, so müßten wir die vergangenen 2000 Jahre als die Ära der Häuserteilung bezeichnen.

Man kann auch gewisse Parallelen zwischen der Entwicklung der Häusersysteme und dem Stand des astronomischen und mathematischen Wissens ausmachen. So stellt die früheste (vorwiegend von Ptolemaeus vertretene) Manier einen Beleg für die endgültige Akzeptanz des Tierkreises mit zwölf gleichen 30°-Zeichen dar. Porphyrios – der die Hauptachsen als Grundlage für seine Teilung nimmt – zeigt ein wachsendes Bewußtsein für die exakte Beobachtung und den Gebrauch des Meridians in der Astronomie. Campanus und Regiomontanus mit ihren weitaus komplexeren Methoden, erinnern uns an die erweiterten Kenntnisse in Mathematik und Trigonometrie, welche die Europäer aufgrund der islamischen Eroberung Spaniens hinzu gewonnen haben. Nachdem jedoch die physikalische Vorstellung der Himmelssphäre durch Kopernikus, Kepler und Galilei endgültig vernichtet war, entwickelte Placidus ein Häusersystem, das sich völlig von der statischen Grundidee abwandte und statt dessen die Wanderung von Punkten verwendete, die der Erdbewegung entsprangen.

Wollte man überstürzt urteilen, so könnte man sagen, daß die christlich geprägte Periode der Astrologie die Häusertheorie über den Zodiak stellte. Damit soll nicht angedeutet werden, daß die Häuser eine falsche Anwendung der Astrologie als solcher bedeuten, sondern daß die damit zusammenhängenden Techniken unabhängig von der eigentlichen Ausgangsbasis gedeihen konnten. In dem Versuch, die Genauigkeit der Deutung zu erhöhen ließ man die Technik über den Prüfstein Zodiak dominieren.

Wir haben gesehen, daß die große Gründerphase der Astrologie in der Idee des Tierkreises mit den zwölf Segmenten von je 30° gipfelte. In der letzten Phase wurde versucht, das Niveau der Deutung vorwiegend durch die Häuser zu verbessern. Wenn wir uns nun im einzelnen mit den verschiedenen Häusermethoden beschäftigen werden, kann es sehr wohl sein, daß wir unsere Schritte immer wieder zurück in die Geschichte lenken müssen, um den Fels zu betrachten, von dem aus sich unser Weg bahnte: der Tierkreis.

3. Methoden der Häuserteilung

Wir sind nun soweit, die verschiedenen Häusersysteme und ihre Konstruktionsmethoden zu diskutieren. Es ist ziemlich schwierig, die Vorgehensweise nach logischen Kriterien festzulegen. Geht man streng historisch vor, so kommt es (wie wir gesehen haben) schnell dazu, daß manche bedeutsame Verbindungen, die in verschiedenen Systemen zu unterschiedlichen Zeiten existierten, vermischt werden.

Eine allgemein akzeptierte Klassifizierung unterscheidet nach Quadranten-Systemen und nach Nicht-Quadranten-Systemen. Eine Häuserteilung nach der Quadranten-Methode liegt dann vor, wenn die Spitzen des I., VII., IV. und X. Hauses identisch sind mit AC, DC, MC und IC, beziehungsweise wenn die Zwischenhäuser sich je nach System unterscheiden entsprechend der eingesetzten mathematischen und trigonometrischen Abläufe. Bei den Nicht-Quadranten-Systemen korrespondieren die Horoskopachsen dagegen nicht notwendigerweise mit den Häuserspitzen. Das eindeutigste Beispiel hierfür ist die äquale Häusermanier, bei der zwar Aszendent und Deszendent mit den Spitzen des I. und des VII. Hauses zusammenfallen, MC und IC jedoch nicht auf die Spitzen des X. und IV. Hauses treffen.

Der Nachteil dieser Einteilung liegt darin, daß auch hier Systeme zusammengezogen werden, die auf recht unterschiedlichen theoretischen Voraussetzungen beruhen. Beispielsweise ist die Morinus-Methode ein Nicht-Quadranten-System, aber deren Grundannahmen sind völlig verschieden von der äqualen Manier. Es müssen sich also zwangsläufig Verwirrungen ergeben, wenn man derartig ungleiche Zugänge unter einen Hut packt.

Aus diesen Gründen habe ich mich für eine Dreiteilung entschieden, Auch diese Vorgehensweise birgt wiederum Nachteile in sich, aber es lassen sich Häusermethoden mit gemeinsamen begrifflichen Grundlagen zusammenbringen. Hier die vorgeschlagenen Klassifizierungen:

1. Ekliptikale Methoden: Diese basieren auf der Theorie, daß die Teilung der Ekliptik zur Errichtung der Häuser verwendet wird.

2. Raumsysteme: Diese Methoden gehen grundsätzlich vom Himmelsraum aus, ohne dessen Bezug zur Ekliptik zu berücksichtigen. Der Raum wird trigonometrisch in gleiche Abschnitte geteilt und die Sphäre wird zuerst in Häuser aufgeteilt und erst danach wird die Relation von Ekliptik und Häusern gesucht.

3. Zeitsysteme: Hier bildet die Idee der Rotation und als Konsequenz das Entstehen gleicher Zeiteinheiten die Grundlage für die Häuserspitzen. Es wird also die Zeit und nicht der Raum oder die Ekliptik eingeteilt.

Wir werden nun also nach diesem Schema die Häusermethoden untersuchen, die unsere Aufmerksamkeit verdienen: entweder aufgrund ihrer regen Verwendung in der Astrologie oder aufgrund der ihnen innewohnenden Theorie. Zunächst verzichte ich vollkommen auf eine kritische Bewertung und stelle diese an den Schluß der Darstellung, denn einige Kritikpunkte lassen sich übergreifend auf mehrere Systeme beziehen.

Für die Abbildungen verwende ich immer dasselbe Geburtshoroskop, so daß der Vergleich deutlich sichtbar wird.

3.1.Die ekliptikalen Häusersysteme

3.1.1. Die Äquale Häusermethode (Modus Äqualis)

Diese Methode scheint um die Zeit von Petosiris (1. Jh. v. Chr.) aufgekommen zu sein und wurde von Claudius Ptolemaeus in den TETRABIBLOS ausführlich beschrieben. Von daher kann man fast behaupten, daß es die älteste Häusermethode überhaupt ist.

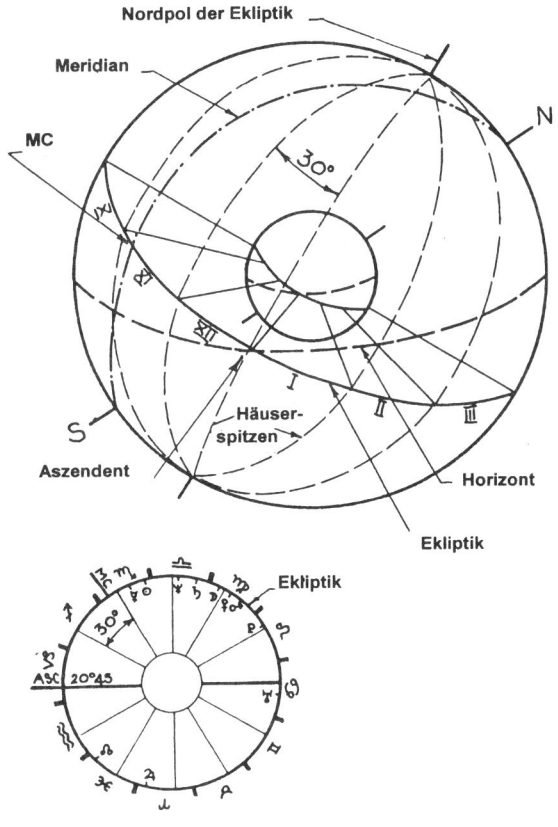

Abbildung 7: Die äquale Methode

Diese Häusermanier basiert auf der Idee, den Zodiak ein zweites Mal auf der Ekliptik widerzuspiegeln; die zweite Teilung bildet die Grundlage für die irdisch ausgerichtete Deutung des Horoskops. Die Segmentierung des Tierkreises in zwölf gleich große Zeichen beginnt bei 0° Widder als Ausgangspunkt, wie im ersten Kapitel beschrieben. Da die Ekliptik rund ist, ist der sogenannte Anfang rein begrifflich zu verstehen und hängt von den in Erwägung gezogenen speziellen Gesichtspunkten ab. Der Widderpunkt ist vollkommen stimmig für diesen Beginn, wenn man die jahreszeitliche Beziehung zwischen Erde und Sonne berücksichtigt, denn er ist identisch mit der Frühjahrs-Tagundnachtgleiche auf der Nord-Halbkugel.

Untersucht man die Ekliptik dagegen im Hinblick auf den Geburtsort des Betreffenden, so wird man feststellen, daß andere Punkte durchaus größere Bedeutung besitzen mögen. Zwei dieser Punkte, die sofort unsere Aufmerksamkeit auf sich ziehen, sind der aufsteigende und der kulminierende Grad. Die Teilung der Ekliptik in zwölf gleiche Sektoren, ausgehend vom Aszendentengrad, ist die Grundidee der äqualen Häusermethode (d.h. die Einteilung der Ekliptik in Tierkreiszeichen wird wiederholt, nur von einem anderen Startpunkt aus).

Die Spitzen der äqualen Zwischenhäuser erhalten wir, indem wir die Ekliptik, beginnend mit dem Aszendent, in zwölf Abschnitte zu je 30° unterteilen.[4] Die Kugelzweiecke selber entstehen durch Großkreise, welche durch die Schnittpunkte auf der Ekliptik und die Pole der Ekliptik gehen. Diese Großkreise sind insofern eigentlich Linien der Himmelsbreite, womit wir im Zusammenhang mit den räumlichen Systemen noch direkt konfrontiert werden. Wir werden noch sehen, daß die Himmelskugel beim äqualen Häusersystem ausschließlich im Hinblick auf die Ekliptik in zwölf Häuserstücke geteilt wird.

---

[4] Die Verwendung des kulminierenden Punktes als Anfangspunkt für die Häuerteilung werden wir im Kapitel über die Meridian-Häuser näher diskutieren.

Andere wichtige Großkreise bleiben unberücksichtigt, ungeachtet der Tatsache, daß der Schnittpunkt von Horizont und Ekliptik den Anfangspunkt der Teilung bestimmt.

Die Grundidee der äqualen Methode lautet dementsprechend, den Tierkreis in die irdischen Erfahrungsfelder zu spiegeln, indem die Zwölfteilung auf der Ekliptik wiederholt wird. Dabei wird der Aszendent (Schnittpunkt von Horizont und Ekliptik) als Startpunkt benützt. In diesem Vorgehen liegt eine beträchtliche Bedeutung, denn der aufsteigende Grad markiert das Zusammentreffen von mundan und himmlisch. Diese Annahme wird noch verstärkt, wenn wir uns ins Gedächtnis rufen, daß die Häuser aus den Tierkreiszeichen entstanden sind und deren Übertragung in mundane Begriffe darstellen.

Wurde der Aszendent für ein Horoskop berechnet, wird die Ekliptik in zwölf gleiche Häuser von je 30° unterteilt. Bei einem Aszendent auf 21° ♑ ergeben sich folgende Spitzen:

AC	21° ♑
X	21° ♎
XI	21° ♏
XII	21° ♐
II	21° ♒
III	21° ♓

Es muß erwähnt werden, daß die Himmelsmitte nicht unbedingt die Spitze des 10. Hauses bildet, sondern anhand ihrer Stellung in Zeichen und Haus als signifikanter Punkt auf der Ekliptik gedeutet wird. Dazu kommt, daß man die Häuser sofort nach der Errechnung des Aszendenten festlegen kann, unabhängig vom geographischen Breitengrad des Geburtsortes.

Wie oben dargelegt, verlor die äquale Methode an Popularität, nachdem Porphyrios seine Häusermethode eingeführt hatte. Selbst Alan Leo schrieb um die Jahrhundertwende noch, daß man „die äquale Methode als eine Behelfsmethode bezeichnen kann." Nichtsdestotrotz erlebte sie in den letzten 30 Jahren eine Renaissance.[5]

Ein Thema, das im Zusammenhang mit diesem System angesprochen werden muß, sind die sogenannten sensitiven (oder arabischen) Punkte. Die arabischen Punkte entsprechen einer Art Häuserteilung, indem Sonne, Mond oder ein anderer Planet als Startpunkt (oder Spitze des I. Hauses) verwendet wird. Hierzu ein Beispiel:

Die Regel zum Errechnen des Glückspunktes lautet:

(a) Position Aszendent	21° ♑ =		291°
(b) + Position des Mondes	25° ♍		+175°
			466°
(c) - Position der Sonne	3° ♏ =		−213°
			253°

Dies entspricht 13° ♐

Fügt man diesen Punkt in das Horoskop mit äqualen Häusern ein, dann fällt der Glückspunkt in das XI. Haus. Falls wir nun die Sonne 3° ♏ als Ausgangspunkt für unsere Häuserteilung nehmen würden, käme der Mond ebenfalls in das XI. Haus. Das bedeutet, die sensitiven Punkte sind lediglich eine alternative Form der äqualen Häusermanier. Sie basieren auf derselben Grundidee, aber verwenden andere Startpunkte für die Spitze des I. Hauses. Ich möchte damit zu verstehen geben, daß der Glückspunkt – oder andere sensitive Punkte – mit jedem anderen Häusersystem als dem äqualen, eine bedeutungslose Verwirrung von Konzepten darstellt.

---

[5] Dane Rudhyar bekämpfte diese Methode vehement. Siehe hierzu: Das astrologische Häusersystem. (München 1981) S. 42.

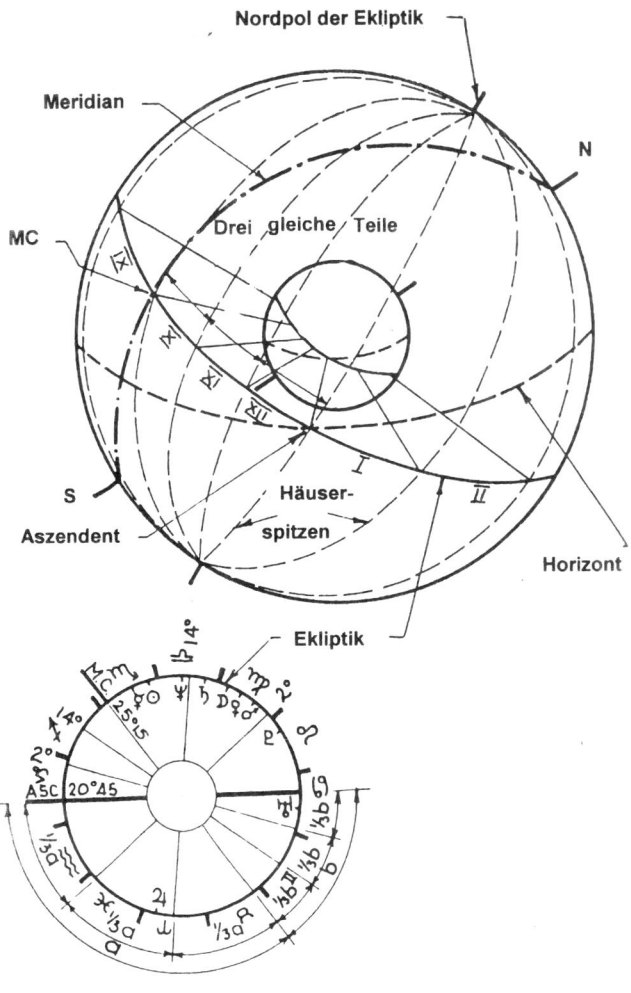

Abbildung 8: Methode Porphyrios

3.1.2. Das Porphyrios-System

Diese Häusermethode wurde im 3. Jahrhundert nach Christus als ein Versuch entwickelt, die Himmelsmitte mit der Spitze des X. Hauses in Übereinstimmung zu bringen. Porphyrios[6] unterteilte die Viertel zwischen den Kardinalspitzen (AC-IC-MC-DC) in je drei gleiche Teile. Die dadurch gewonnen Punkte wurden zu den Spitzen der Häuser XI, XII, II und III erklärt. In unserem Beispiel stellt sich dies folgendermaßen dar:

MC 25° ♏ = 235°

Differenz = 56°; $^1/_3$ Bogen = 19°

AC 21° ♑ = 291°

Differenz = 124°; $^1/_3$ Bogen = 41°

IC 25° ♉ = 55°

Die Anzahl der Tierkreisgrade z.B. zwischen AC und MC werden einfach durch drei geteilt und ergeben die Spitzen der Häuser XI und XII.

Haus XI = MC + 19° = 235 + 19 = 254° = 14° ♐
Haus XII = AC - 19° = 291 - 19 = 272° = 2° ♑
Haus II = AC + 41° = 291 + 41 = 332° = 2° ♓
Haus III = IC - 41° = 55 - 41 = 14° = 14° ♈

Beim Porhyrios-System kreuzen sich die Großkreise, welche die Häuser markieren, an den Polen der Ekliptik, wie in Abbildung 8 zu sehen. Darin wird aber auch die dem System immanente Mangelhaftigkeit verdeutlicht. Es ist bei dieser Manier unmöglich, daß die Häuser gleich große Raumvolumen enthalten. Die Konstruktion der Häuser basiert auf der gleichen Teilung ungleicher Anteile der Ekliptik, weshalb die Kugelzweiecke zwangsläufig ungleich werden müssen. Letzten Endes erhalten wir zweierlei Häuser: die Häuser I, II, III, VII, VIII und IX sind gewissermaßen äqual, unterscheiden sich

---

[6] Wilhelm Knappich stellt in *Entwicklung der Horoskoptechnik vom Altertum bis zur Gegenwart* (Wien, 1978) S. 15 fest, daß diese Methode Porphyrios fälschlicherweise zugeschrieben wird, da sie offensichtlich bereits um 160 v. Chr. bekannt war (Anm.d Übers.).

jedoch von den Häusern IV, V, VI, X, XI und XII. Es gehört aber zu den Grundvoraussetzungen aller Häusermethoden, daß die erzeugten Teilungen aus dem Blickwinkel der Grundannahmen des Systems einander entsprechen. Eine Häusermanier, die willkürlich ungleiche Häuser ergibt, scheint dabei gegen die Grundidee der Häuserteilung zu verstoßen.

Der einzige Vorteil, den Porphyrios den Astrologen bieten konnte, war die vier Kardinalpunkte mit den Häuserspitzen in Einklang zu bringen. Mit den ihm damals zur Verfügung stehenden mathematischen Möglichkeiten vollbrachte er sicher das Beste, was er konnte.

3.1.3. Natürliche Graduierung

Hierbei handelt es sich um eine späte Nachgeburt des Porphyrios-Systems, das der Brite Colin Evans um 1950 eingeführt hat. Er akzeptierte die Grundannahmen des Porphyrios-Systems, aber beseitigte „*die Willkürlichkeit, daß künstlich gleiche Unterteilungen von an sich ungleich großen Quadraten geschaffen werden.*" Das System der natürlichen Graduierung geht von der Annahme aus, daß die Teilungen, wenn sie in Tierkreisgraden gemessen werden, in beiden Richtungen schrittweise und gleichmäßig zunehmen – von einem Minimum in der Mitte eines Quadranten mit weniger als 90° des Tierkreises, bis zu einem Maximum in der Mitte eines Quadranten mit weniger als 90°. Wenn das zweite Halb-Haus ausgehend von der Mitte eines Quadranten eineinhalb mal größer ist (im Zodiak) als das der Mitte des Quadranten am nächsten liegende, dann ist das dritte Haus eineinhalb mal größer als das zweite. Dies wird wiederholt, bis das Maximum des nächsten Quadranten erreicht wird. Die Verknüpfung dieser Halb-Häuser ergibt die Häuser. Kurz gefaßt könnte man sagen, die Quadranten von Porphyrios werden in einem Steigerungsmaß 1:1,5 geteilt.

Das System der natürlichen Graduierung unterliegt, trotz der Verbesserung der Technik im Vergleich zur ursprünglichen Porphyrios-Methode, dennoch genau der gleichen Kritik wie die Quelle seiner Inspiration: die entstehenden Häuser sind grundsätzlich inäqual. Daß diese Ungleichheiten proportional in Grade eingeteilt werden, kompensiert die Mängel nicht. Beide Häusersysteme teilen die Ekliptik inäqual und nichts äqual. So gesehen ist es schwierig, ihren Nutzen unter üblichen astrologischen Gesichtspunkten zu beurteilen.

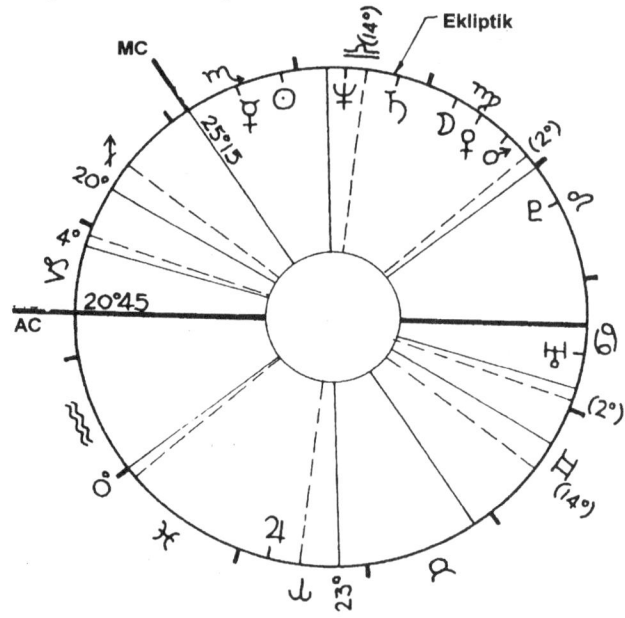

Unterschied zwischen Porphyrios und der natürlichen Graduierung

Abb. 9: Die Methode der natürlichen Graduierung (gestrichelte Linie)

In Abbildung 9 war es nicht notwendig, die räumliche Einteilung der Himmelskugel nochmals zu reproduzieren, da diese sich kaum von derjenigen des Porphyrios-Systems unterscheidet. Die Werte der Häuserspitzen bei der natürlichen Graduierung wurden jedoch angegeben, um die Abweichung zu verdeutlichen.

3.1.4. M-Häuser

Es wurde bereits am Anfang des Kapitels darauf hingewiesen, daß es konsequenterweise auch möglich ist, äquale Häuser von der Himmelsmitte und nicht vom Aszendenten ausgehend zu erstellen; das Medium Coeli ist ebenfalls ein höchst bedeutsamer Punkt auf der Ekliptik.

Im Jahre 1952 startete die *Astrological Lodge of the Theosophical Society* in London ein Forschungsprojekt mit dem Ziel, ein Häusersystem mit dem Kulminationsgrad der Ekliptik als Ausgangspunkt zu entwickeln. Bei dieser Konstruktion wurde die Himmelsmitte als die Spitze des X. Hauses gewählt, und die nachfolgenden Häuser in gleichen Schritten zu 30° eingeteilt. Bei dieser Vorgehensweise sähen die Häuserspitzen bei einem MC von 25° ♏ folgendermaßen aus:

MC und X	25° ♏
Haus XI	25° ♐
Haus XII	25° ♑
Haus I	25° ♒
Haus II	25° ♓
Haus III	25° ♈

Es fällt auf, daß der Aszendent nicht selbstverständlich die Spitze des I. Hauses ergibt, sondern einen sensiblen Punkt darstellt, ähnlich wie das MC beim herkömmlichen äqualen Häusersystem.

Der Begriff *M-Häuser* oder *Meridian-System* wurde in Anlehnung an die Tatsache vergeben, daß die Methode auf dem Medium Coeli basiert, um es von dem herkömmlichen äqualen Häusersystem zu unterscheiden (das die Forschungsgruppe als *A-Häuser* bezeichnet). Die Großkreise der Häusergrenzen passieren die Pole der Ekliptik, wie in Abb. 10 zu sehen ist.

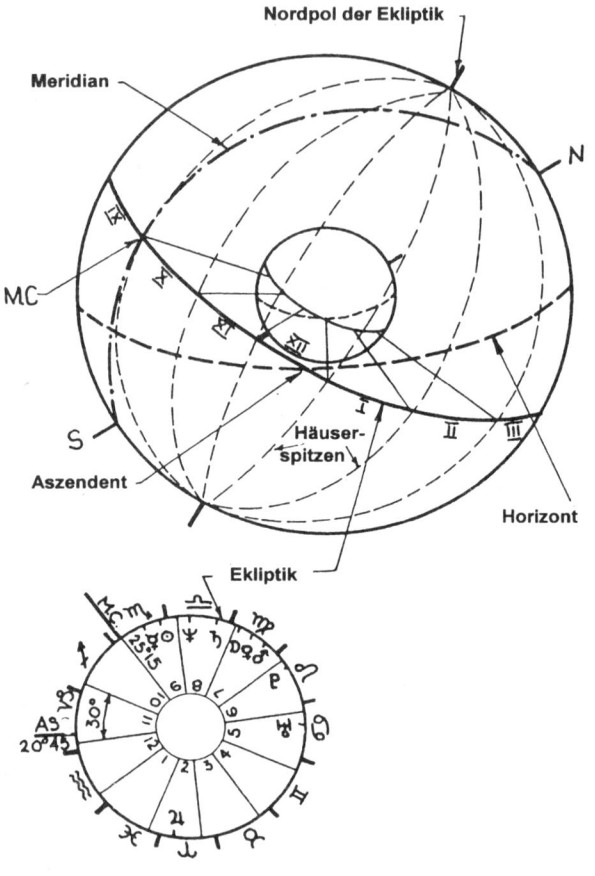

Abbildung 10: M-Häuser

Der Bericht, in dem die Idee der M-Häuser vorgeschlagen wurde, vertrat die Ansicht, daß diese lediglich als eine ergänzende Deutungshilfe zu den üblichen *A-Häusern* zu verstehen seien. Laut der Publikation tendieren die *A-Häuser* dazu, die angeborenen natürlichen Potentiale des Horoskopeigners aufzuzeigen, während die *M-Häuser* eher auf äußere Umstände hindeuten, aber auch auf mundane Ereignisse, die das Ergebnis von Situationen darstellen, die außerhalb der Kontrolle des Betroffenen liegen. Es wird *nicht* vorgeschlagen, daß die M-Häuser als eigenständiges System eingesetzt werden sollen!

3.2. Die Raumsysteme

3.2.1. Die Campanus-Methode

Johannes Campanus war nicht nur Kaplan bei Papst Urban IV., sondern auch ein angesehener Mathematiker im 13. Jh. Die Häusermethode die seinen Namen trägt, wird von einigen angesehenen Astrologen als die einzig akzeptable und die nach astrologischen Kriterien einzig stimmige betrachtet. So schreibt Dane Rudhyar beispielsweise:

Die der Mischung von Konzepten von Raum und Zeit zukommende Zwiespältigkeit kann quer durch den gesamten Bereich der Astrologie hindurch verfolgt werden. ... Das heute am weitverbreitesten angewandte System ist das des Placidus, der die Spitzen der Zwischenhäuser dadurch findet, daß die Halb-Bögen der Sonne und aller zodiakal ausgedrückter Faktoren in drei gleiche Segmente unterteilt werden - d.h., die Zeit, die die Sonne braucht, um vom Sonnenaufgangspunkt zum Mittagspunkt zu gelangen. Die Campanus- und Regiomontanus Systeme unterteilen den Raum zwischen Horizont und Meridian auf zwei unterschiedliche Arten. ... Jedes Baby ist im Zentrum seiner Raumstruktur geboren, die es mit sich tragen wird, wohin auch immer es gehen wird. [7]

Campanus akzeptierte die Grundannahme von Porphyrios, daß die vier „Ecken" des Horoskops mit den Spitze der kardinalen Häuser korrespondieren sollten. Er sah jedoch die Not-

---

7 D. Rudhyar. *Das astrologische Häusersystem.* (München 1981) S. 41

wendigkeit, daß die Häuser – falls man die grundlegende Ordnung der astrologischen Philosophie aufrechterhalten wollte – gleich große Anteile des Himmelsraumes umfassen sollten. Es war die unüberwindliche Schwäche des Porphyrios-Systems, daß es dies nicht erreicht hatte. Campanus ignorierte aus diesem Grunde die Ekliptik als den Ausgangskreis zum Erstellen seiner Häuser und prüfte die Himmelssphäre im Hinblick auf den tatsächlichen Geburtsort.

Als Bezugsrahmen wählte er zunächst die Großkreise Meridian und Horizont, welche die Himmelskugel in vier gleiche Teile schneiden. Im rechten Winkel zu diesen erstellte er einen anderen großen Kreis, der durch den Ostpunkt und Westpunkt des Horizonts sowie durch den Zenit und den Nadir geht: dieser Großkreis heißt Erster Vertikal (auch Prime Vertical oder Höhenkreis). Der erste Vertikal wurde wieder vom Horizont und vom Meridian in vier Bögen gleicher Größe geteilt. Um zu den Häusern zu gelangen, drittelte er einfach jeden Quadranten des ersten Vertikal. Die Großkreise verlaufen durch den Südpunkt und den Nordpunkt des Horizonts (also dort, wo sich Meridian und Horizont schneiden) und bilden die Begrenzung der Häuser.

Auf diese Weise wurden Häuser mit gleich großen räumlichen Anteilen geschaffen unter Beibehaltung der Prämisse, daß die Eckpunkte Häuserspitzen abgeben. Es ist offensichtlich, daß die Rechenvorgänge bei dieser Methode sehr viel ausgefeilter waren als in früheren Methoden und Campanus erntet die Früchte der wissenschaftlichen Fortschritte in Arabien.

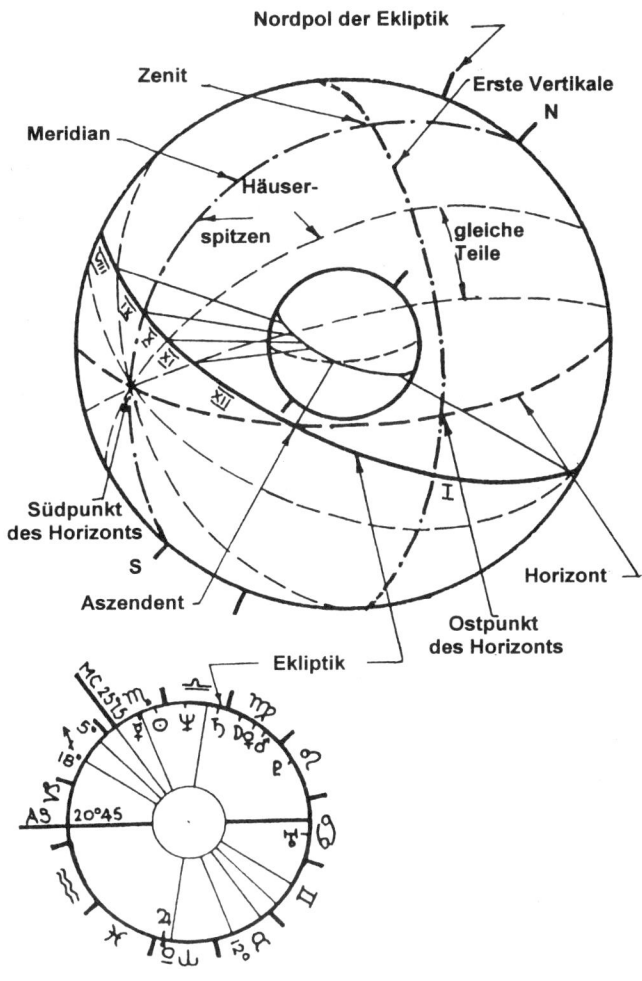

Abbildung 11: Campanus Methode

Es ist ersichtlich, daß das System eine zufriedenstellende und durchschaubare Methode zur Teilung der Himmelskugel darstellt, was in dieser Hinsicht auch empfehlenswert ist. In der Praxis leidet es aber an der Schwäche der meisten Raumsysteme. Je höher die geographische Breite (sprich je näher an den Polen), umso spitzer wird der Winkelabstand zwischen Ekliptik und erster Vertikale. Dies hat zur Folge, daß die zodiakale Längengradposition der Häuserspitzen in Beziehung zur Ekliptik ungleich wird und die Häuser verzerrt erscheinen. Aus diesem Grunde werden für die Raumsysteme meist keine Tabellen für über 66° liegende Breiten erstellt. Darin liegt sicherlich eine Schwierigkeit bei all diesen Methoden.

Man muß jedoch die einschneidenden Veränderungen sorgfältig gewichten, die Campanus mit seinem Entwurf erwirkt hatte. Die Ekliptik mit ihren zwölf Zeichen war *nicht* mehr der Hauptbezugsrahmen der Astrologie, sondern die Zwölfteilung des Raumes um den Geburtsort wurde für die Astrologie genauso wichtig. Der Raum wurde aber nicht im Hinblick auf die Ekliptik, sondern auf die Position der Erdkugel im All betrachtet. Die Ekliptik wurde für Campanus zweitrangig und war eine 'Begleiterscheinung', die sich in seine mathematische Behandlung der Himmelssphäre einfügen mußte.

Am sichtbarsten wird dieser grundsätzliche Wandel der Einstellung vielleicht in Anbetracht der Schwierigkeiten, die bei der Anwendung des Systems von Campanus in höheren Breitengraden entstehen. Es wird oft behauptet, daß die alten Astrologen sich dieses Problems entweder nicht bewußt waren, oder es vernachläßigten, da nur wenige Menschen unter diesen extremen Bedingungen lebten. Zum Beispiel behauptet Margaret Hone in THE MODERN TEXTBOOK OF ASTROLOGY: „*Die nördlichen Gebiete waren den frühen Astrologen relativ unbekannt und man hielt deren Bewohner für sehr andersartig.*" Doch schon ein kurzes gedankliches Innehalten läßt die Zweifel an diesen Annahmen wachsen. Schottland und Dänemark liegen auf 55° nördlicher Breite, St. Petersburg befindet sich auf 60°, und selbst im 13. Jahrhundert konnte man diese Regionen kaum als Orte beschreiben, deren „Bewohner sehr andersartig" waren. Sicherlich zeigt ein auf diese Breitengrade erstelltes Campanus-Horoskop alarmierende und augenfällige Ungleichheiten hinsichtlich der Größe der Häuser. Wir müssen jedoch auch sehen, daß jemand wie Campanus ein sehr fähiger Mathematiker war und die Auswirkungen auf die Größe der Häuser auf der Ekliptik müßte ihm klar gewesen sein. Mathematisch war dies eine logische Konsequenz aus den Grundannahmen seiner Konstruktion. Daraus können wir nur folgern, daß er dies akzeptierte, weil er glaubte, daß die Grundprinzipien seiner Methode wichtig genug waren, um ihre Beibehaltung zu fordern. Gemeint ist damit die Tatsache, daß er bewußt die Vorrangigkeit der Ekliptik zurückstellte und sich statt dessen den Großkreisen gemessen an der ersten Vertikale zuwandte.

Wie dominant die Idee später wurde, der Hausposition eines Planeten größere Bedeutung beizumessen als seiner Stellung auf der Ekliptik, läßt sich an der Verwendung der quadratischen Horoskopdarstellung ablesen, die zum Teil noch bis in unser Jahrhundert hinein gebräuchlich war. Das Ziel dieser Form von Geburtsbild ist in erster Linie, die Stellung der Planeten in den Häusern exakt wiederzugeben, wobei die genauen Verhältnisse in den Zeichen oder Winkelverbindungen nur schwer auszumachen sind.

Es ist notwendig, die Entscheidung von Campanus im Anschluß neu zu bewerten. Im Moment ist die Feststellung wichtig, daß er einen Präzedenzfall schuf, dem beinahe alle Astrologen ohne Ausnahme in den nächsten 600 Jahren folgen sollten und die später entworfenen Raumsysteme akzeptieren die Vorrangigkeit der mundanen Gesichtspunkte der Himmelsphäre als eine Grundvoraussetzung.

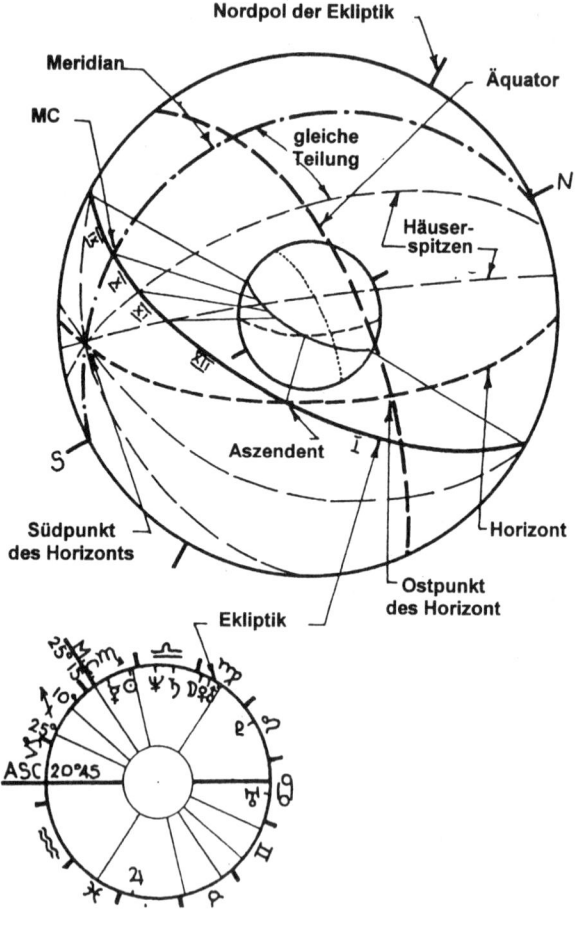

Abbildung 12: Die Regiomontanus Methode

72

3.2.2. Die rationale Manier bei Regiomontanus

Im 15. Jh. arbeitete Johannes Müller, Mathematiker und Professor für Astronomie in Wien, besser bekannt unter seinem Pseudonym Regiomontanus, ein anderes System zur Häuserteilung aus. Im wesentlichen handelt es sich um eine Modifizierung des Campanus-Systems, die zusätzlich einige praktische Vorteile erbrachte.

Regiomontanus erkannte eine Änderung der Prämissen. Wenn man die Ekliptik als Grundkreis für die Häuserteilung verwarf und an deren Stelle Himmelsteilungen auf dem Meridian und dem Horizont vornahm, so hatte man die Grundidee im Kern verschoben: zuvor stand die Bewegung der Erde im Jahreslauf um die Sonne im Mittelpunkt der Überlegung, jetzt spielte die Erdrotation um die eigene Achse die Hauptrolle. In diesem Fall war es naheliegend, um nicht zu sagen eine logisch zwingende Folge, vom Himmelsäquator als Großkreis für die Häusermethode auszugehen, anstatt von dem ersten Vertikal, denn der Himmelsäquator ist direkt mit der täglichen Erdbewegung verknüpft.

Das von Regiomontanus vorgeschlagene System war praktisch mit dem von Campanus identisch, mit der Ausnahme, daß er die Quadranten nicht auf dem Zenitkreis, sondern auf dem Himmelsäquator konstruierte und diese anschließend dreiteilte. In Abbildung 12 sieht man, daß sich die Häusergrenzen am Nordpol und am Südpol des Horizonts überschneiden.

Ein praktischer Vorteil des Regiomontanus-Systems liegt darin, daß die Häuser, wenn sie auf die Ekliptik übertragen werden, geringeren Verzerrungen unterliegen als bei der Methode Campanus. Dies ist darauf zurückzuführen, daß der Winkel zwischen erster Vertikale und Ekliptik 90° erreichen kann, was bei den Schnittpunkten der Häuser mit der Ekliptik zu extremen Ungleichheiten führt. Dagegen beträgt das Winkelverhältnis von Äquator und Ekliptik 23½°. Dies hat zwar praktische Vorteile, ändert aber nichts an der Grundkonzeption der Häuserteilung. Ein weiterer Unterschied ist übrigens daß die zwölf Kugelzweiecke des Regiomontanus-Systems unterschiedlich groß sind - im Gegensatz zum Campanus-System.

Die Methode fand im 16. Jh. großen Gefallen und wurde z.B. von William Lilly verwendet. Sie wird auch heute noch zum Teil eingesetzt. Es erübrigt sich darauf hinzuweisen, daß diese Manier wie alle Raumsysteme darauf beruht, daß die Häuser und ihr Bezug zu irdischen Gesichtspunkten als vorrangiges Element für die Beurteilung des Horoskops gelten.[8]

3.2.3. Das Morin Häusersystem

Eng verwandt mit Regiomontanus ist das Werk von Jean Baptiste Morin. Dieser lebte im 17. Jh. und wirkte als Arzt und Professor für Mathematik an der Universität von Paris. Für seine Zeitgenossen galt er als der größte Astrologe und wurde unter anderem auch von Kardinal Richelieu beauftragt.

Ähnlich wie Regiomontanus stützte Morin sein System auf den Himmelsäquator, um seine zwölf gleich großen Häuser zu erstellen. Wie üblich ergaben die Schnittpunkte des Himmelsäquators mit den oberen und unteren Meridianen sowie mit dem Ost- und Westpunkt des Horizonts die vier gleichen Quadranten, die dann gedrittelt wurden. Aber, und darin liegt der Unterschied, die Großkreise, welche die Häusergrenzen markierten, trafen sich nicht an den Nord- bzw. Südpunkten des Horizontes (was bei Regiomontanus der Fall ist), sondern am

---

[8] Im Hinblick auf die Problematik der Einschätzung der Systeme von Campanus und Regiomontanus ist es interessant, daß selbst eine Autorität wie Alan Leo die involvierten Fragen mißverstand. In seinem Buch *Casting A Horoscope* widmet er Kapitel XII - XXX den Häusermethoden. Bei seiner Bewertung der beiden Systeme favorisiert er Regiomontanus, weil dieser weniger „statisch" sei als Campanus. Dies kommt daher, weil er glaubt, daß die Regiomontanus-Häuser durch die Rotation generiert werden, und nicht durch die statische Position auf dem Äquator.

Nord- bzw. Südpol der Ekliptik. Abbildung 13. verdeutlicht den Sachverhalt.

Da die Pole der Ekliptik feste Punkte an der Himmelskugel sind, existiert eine konstante trigonometrische Beziehung zwischen den Häusergrenzen und der Ekliptik. Dies bedeutet, daß die Größe der Häuser nicht mit unterschiedlichen Breitengraden variiert, wie bei den anderen Raumsystemen, da sie auf die Ekliptik bezogen werden. Die Häusertabelle nach Morinus ist aus diesem Grunde relativ einfach und besteht nur aus einer Zahlenreihe, welche die Häuserspitzen für angemessene zeitliche Intervalle während der 24 Stunden des Sterntages angibt, denn diese Werte stehen in keinem Bezug zur Breite des Geburtsortes.

Ein besonderer Vorteil, den Morin mit seiner Methode erreichte, liegt darin, daß die Großkreise, welche die Häusergrenzen ergeben, Breitenkreise sind. Dies bedeutet, daß eine Schwäche, die normalerweise alle Raumsysteme betrifft, nämlich der Breiten-Irrtum, im Morin-System ausgeschlossen ist. Ohne Zweifel eine bedeutsame Überlegung von Morin.

Ein ungewöhnliches Merkmal dieser Methode ist dagegen, daß in der Regel weder das Medium Coeli noch der Aszendent eine Häuserspitze ergeben. Dies ist ein ernsthaft zu kritisierender Sachverhalt. Das Morin-Häusersystem erweckt den Eindruck, als ob jeder Versuch, die Häuser mit der Ekliptik in Bezug zu setzen grundsätzlich zurückgewiesen wird. Der Tierkreis wurde völlig nebensächlich, der einzige augenscheinliche Zusammenhang bestand darin, daß die Häuserkreise sich in den den Polen der Ekliptik schnitten. Dies scheint jedoch keine konzeptionelle Bedeutung zu haben und dient nur der mathematischen Vereinfachung. Die wesentliche Basis für Morins Häuserkonstruktion liegt in der Dreiteilung der Quadranten des Äquators.

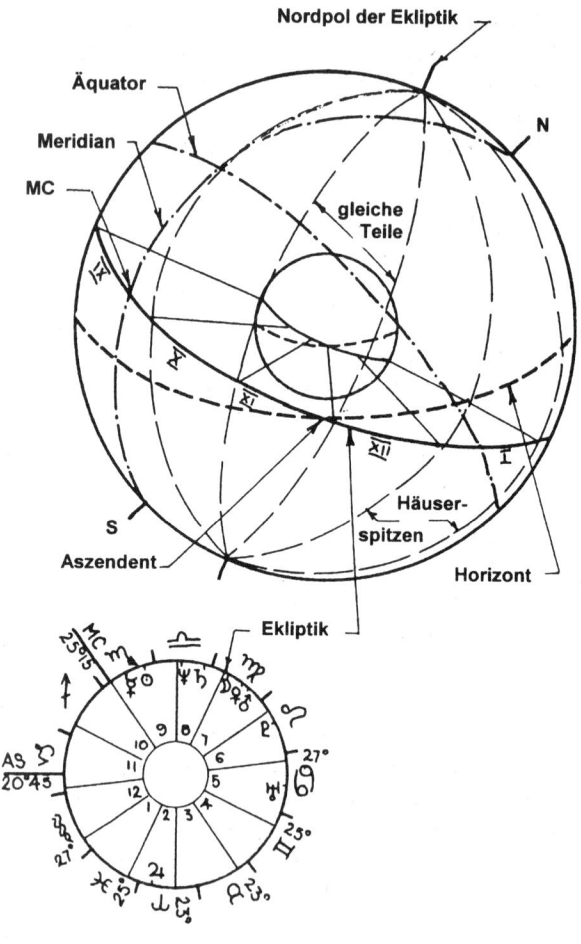

Abbildung 13: Morinus-Häuser

Das Morin Häusersystem fand wenig Verfechter und ist inzwischen kaum mehr in Gebrauch. Edward Lydoe verwendet es in seinem Buch EVERYMAN'S ASTROLOGY, betont aber, daß dies nur aus Gründen der einfachen Berechnungsmethode angeführt wird. Außerdem räumt er ein, daß diese Häusermanier einigen astrologischen Grundideen widerspricht.

3.2.4. Das Häusersystem der axialen Rotation

Eine logisch konsequente Vereinfachung des Morin-Systems wurde von dem australischen Astrologen Zariel (David Cope) um die Jahrhundertwende vorgeschlagen. Ursprünglich zog die Methode wenig Aufmerksamkeit auf sich, wurde jedoch in den fünfziger Jahren von den amerikanischen Astrologen Bruce Lloyd und Garth Allen unter dem Begriff „Axial Rotation System" wiederbelebt.

So wie bei Morin wird der Äquator in zwölf gleiche Abschnitte eingeteilt, wobei der Meridian und der Horizont die üblichen Quadrantenpunkte bilden. Bei dieser Häusermethode gehen die Großkreise, welche die Begrenzung der Häuser ergeben, durch diese Punkte und treffen sich an den Nord- und Südpolen des Himmelsäquators. Dies bedeutet, die Großkreise sind durchweg Deklinationskreise (Kreise gleicher Aufsteigung, d.h. Himmelsmeridiane). Dadurch wird die Festlegung der Häuserspitzen eine äußerst einfache Angelegenheit und ergibt ferner, daß die Himmelsmitte bei diesem System auf die Spitze des X. Hauses fällt. Allerdings ist der Aszendent, ähnlich wie bei Morin, nicht mit der Spitze des I. Hauses identisch und ist einfach ein wichtiger Deutungsfaktor auf der Ekliptik.[9]

---

[9] Dieser Punkt wird - unabhängig vom Zarielschen System - von manchen Astrologen als sensitiver Punkt der Ekliptik verwendet, oft fälschlicherweise als „Ostpunkt der Ekliptik" bezeichnet.

Es sollte an dieser Stelle noch darauf hingewiesen werden, daß der Begriff „Axiale Rotation" oder „Achsenbewegung" recht irreführend ist. Die Häuserspitzen werden nicht im geringsten durch die Rotation geschaffen (auch wenn die einfachste Methode für deren Festlegung den Eindruck erweckt, daß Rotation mit im Spiel ist), statt dessen ist das System ein vollkommen statisches Konzept zur Teilung des Himmelsraumes.

Die Position der Häuserspitzen wird direkt aus der MC-Tabelle abgelesen. Die Sternzeit für das MC der Geburt wird abgelesen und man addiert zwei Stunden dazu. Der Wert für das MC dieser neuen Zeit wird mit der zodiakalen Länge der Spitze des XI. Hauses gleichgesetzt. Zählt man nochmals zwei Stunden zu diesem Wert, so erhält man entsprechend die Spitze des XII. Hauses. Eine weitere Addition von zwei Stunden ergibt die Spitze des I. Hauses, welche dem „Ostpunkt" entspricht. In unserem Beispielhoroskop steht das MC auf 25° ♏ mit einer Sternzeit von 15h 31m. Daraus läßt sich folgende Tabelle errechnen.

Sternzeit	Neue SZ	Wert MC =	Hausspitze
15h 31m		25° ♏	X
15h 31m + 2h	= 17h 31m	24° ♐	XI
17h 31m + 2h	= 19h 31m	21° ♑	XII
19h 31m + 2h	= 21h 31m	20° ♒	I
21h 31m + 2h	= 23h 31m	22° ♓	II
23h 31m + 2h	= 01h 31m	25° ♈	III

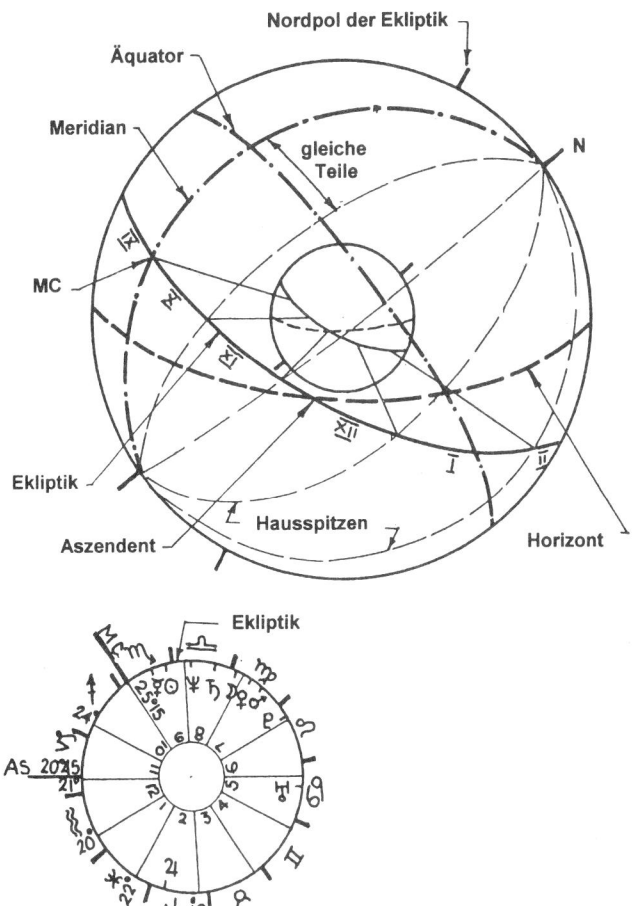

Abbildung 14: Methode der axialen Rotation

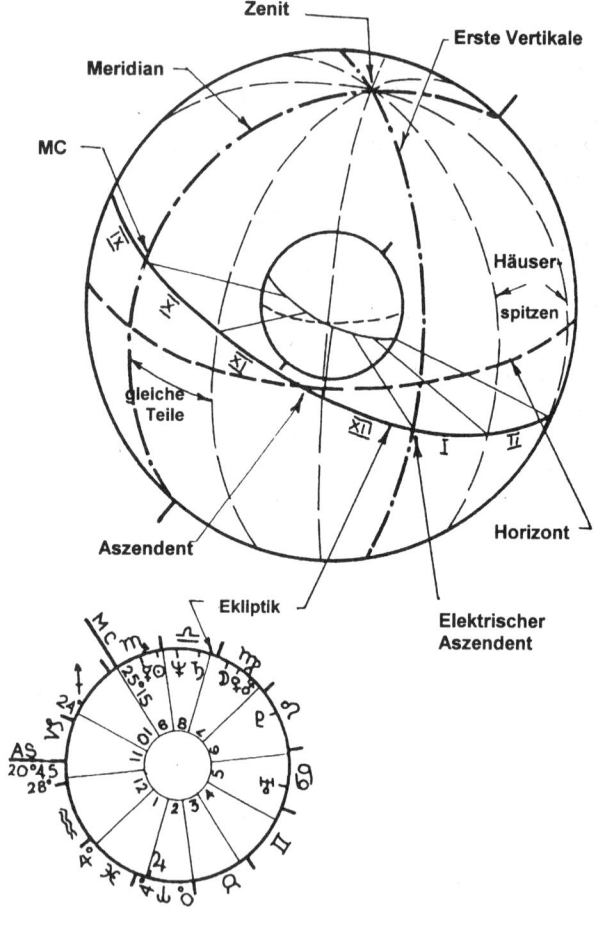

Abbildung 15: Zenit-Häuser

Wie erwähnt, erweckt die Addition der Intervalle von zwei Stunden zur Festlegung der Häuser den Anschein, daß eine zeitliche Bewegung oder Rotation in den Rechenvorgang involviert ist; darauf wird zweifellos der Name des Systems zurückgeführt. Man sollte sich jedoch bewußt machen, daß die jeweils hinzu addierten zwei Stunden lediglich der Stundenwinkel sind, dem 30° in Rektaszension auf dem Äquator entsprechen. Aufgrund des Aufbaues der MC-Tabellen – die den Tierkreisgrad des MC mit dem RAMC in Stundenwinkeln vergleichen – ist es gebräuchlicher die Rektaszension in Stunden und Minuten anstatt in Graden anzugeben. Bei einer Häusertabelle, wie z.B. den Koch-Häusern, wird die Rektaszension des MC mit beiden Werten aufgeführt und man könnte genauso gut 30° zu den jeweiligen Werten hinzufügen. Aus diesem Grunde ist die Häusermethode der axialen Rotation eigentlich eine statische Einteilung des Himmelsraumes und muß folglich bei den Raumsystemen in Betracht gezogen werden.

Nebenbei wird man feststellen, daß sich dieses Häusersystem einfach anwenden läßt. Man braucht keine speziellen Tabellen zu erstellen, da man die Zwischenhäuser nach der oben gezeigten Methode ausgehend vom Aszendenten errechnen kann. Es hat den zusätzlichen Vorteil, daß es in allen Breitengraden verwendet werden kann. Außerdem kommt es zu relativ geringen Verzerrungen der Häuserspitzen, da die Rektaszension nur maximal 6° vom zodiakalen Tierkreisgrad abweicht.

3.2.5. Die Zenit-Häuser oder Azimuthäuser

In der Zeit als Zariel seine Methode vorschlug, schoß noch ein ganze Reihe anderer Häusersysteme aus dem Boden. Zu diesen Findungen gehören z.B. die Zenit-Häuser, auch Horizontal-System genannt, die noch heute von einigen amerikanischen Astrologen favorisiert werden. Wenn wir uns vorstellen, daß die Ekliptik in einem Winkel von 45° zum Horizont liegt und 0° Widder gerade aufsteigt, dann werden wir erkennen, daß das Campanus-System Häuserspitzen auf die normale Art und Weise ergeben wird: Die Großkreise haben einen Schnittpunkt mit dem ersten Vertikal und treffen sich am Nord- und Südpunkt des Horizonts. Allerdings könnte genau dasselbe Ergebnis erzielt werden, indem man den tatsächlichen Horizont in zwölf gleiche Sektoren einteilte und durch deren Schnittpunkte Großkreise zeichnete, die am Nadir und am Zenit zusammenlaufen würden[10]. Dies heißt, anstatt eine Häuserteilung zu verwenden, die symmetrisch zur Nord/Süd-Achse errichtet wird, könnte man ein ebenso logisches System über der Achse Zenit/Nadir erstellen. Dies ist die Idee, welche den Zenit-Häusern zugrundeliegt.

Allerdings sollte man sich bewußt machen, daß gewisse Probleme auftauchen, sobald ein anderer Grad als 0° Widder oder 0° Waage aufsteigt. Wird der Großkreis des Meridians für die Spitze des X. Hauses vorbehalten (was ganz offensichtlich sein muß, denn er ist einer der festen Bezugskreise im Himmelsraum), so wird der Großkreis im rechten Winkel zum Meridian, der eine der Begrenzungen des I. Hauses ergibt (sprich dem ersten Vertikal) die Ekliptik nicht an dem Punkt kreuzen, an dem diese den Horizont schneidet. Folglich entspricht die Spitze des I. Hauses nicht dem Aszendent, sondern dem „Ostpunkt der Ekliptik". Die *Astrological Research Associates of the U.S.A.*, verwendete diesen Punkt zusammen mit seinem Oppositionspunkt, dem Vertex. Sie bezeichneten diesen Punkt bewußt als den „Elektrischen Aszendenten", um Mißverständnissen vorzubeugen, denn es handelt sich hierbei *nicht* um den üblichen Ostpunkt (Schnittpunkt von Horizont und dem ersten Vertikal). Auch

---

[10] Gemeint ist das Folgende: Bei der speziellen Lage der Ekliptik stimmen wegen der Spiegelsymmetrie zur Ekliptik die Zenithäuser mit den Campanushäusern überein. Allgemein gilt: Die Zenithäuser zur geographischen Breite φ stimmen mit den Campanushäusern zur Co-Breite φ-90° überein (Anm. R. Plantiko.)

Charles Carter meinte, daß man diesem Punkt mehr Gewicht verleihen sollte [11].

Zusammen mit seinem westlichen Oppositionspunkt, dem Vertex, ziehen sie den „Elektrischen Aszendenten" vor allem bei Direktionen heran. Auch Charles Carter plädierte in seinen späteren Jahren ebenfalls dafür, diesen Punkten größere Aufmerksamkeit zu schenken.

Die Frage nach der Verwendung des Zenit-Systems, das sich bislang nicht größer durchsetzen konnte, scheint maßgeblich davon abzuhängen, welche Bedeutung man dem „Elektrischen Aszendenten" beimißt, aber auch von den Problemen, die mit der Frage der Teilung des Himmelsraumes aufkommen. Es scheint jedoch keine zwingenden und naheliegenden Beweise dafür zu geben, daß der „Elektrische Aszendent" eine Neufassung der astrologischen Theorie rechtfertigen würde, welche dahin führte, daß der aufsteigende Grad als wichtigster persönlicher Punkt auf der Ekliptik ersetzt werden sollte.

Da das Zenit-System eine Ähnlichkeit mit der Manier von Campanus aufweist, lassen sich die Spitzen der Zenit-Häuser auf folgende Weise finden. Man schlägt die Campanus Häusertabellen auf und sucht den Wert für 12 Stunden vor (oder nach) der Sternzeit der Geburt sowie für den Co-Breitengrad des Geburtsortes. In unserem Beispiel bei einer Geburtszeit von 15h 31m und einem Breitengrad von 51°22' nördliche Breite, müßten wir die Campanus Häusertabelle bei 3h 31m und bei 38° 32' nördlicher Breite aufschlagen und die Tierkreiszeichen umkehren, sprich das Oppositionzeichen nehmen. Auf diese Weise erhalten wir folgende Werte:

---

11 Dr. W. Koch schlägt in HOROSKOP UND HIMMELSHÄUSER vor, diesem Punkt den Namen Eos (griech. der Morgen) zu geben, seinen Oppositionspunkt statt des relativ nichtssagenden „vertex" ((Ecke) analog Hespera (griech. der Abend) zu nennen. (Anm. R. Plantiko)

Medium Coeli	Spitze X	25° ♏
	Spitze XI	24° ♐
	Spitze XII	28° ♑
Elektrischer AC	Spitze I	4° ♓
		(AC 21° ♑)
	Spitze II	4° ♈
	Spitze III	0° ♉[12]

3.2.6. Die Ostpunkt-Methode

Der Vollständigkeit halber wollen wir an dieser Stelle auch das Ostpunkthäusersystem erwähnen. Die Campanus-Methode teilte den Himmelsraum mit Großkreisen, deren Hauptachse auf einer Linie durch den Nord- und den Südpunkt des Horizontes verlief. Das Zenit-System teilt seinerseits den gleichen Raum, aber mit Großkreisen, deren Achsen durch den Nadir und den Zenit verlaufen. Da wir es mit einer Kugel zu tun haben, ist es theoretisch genauso möglich, den Raum mit Kreisen zu teilen, die durch den Ost- und den Westpunkt des Horizonts gehen. Dies ist die mathematische Basis für die Ostpunkt-Häuser. Die Konstruktion war offensichtlich auch das Produkt eines ausgeprägten mathematischen Interesses zu Beginn unseres Jahrhunderts. In Abbildung 16 sind die Prinzipien der Teilung ersichtlich. Es wurden aber keine Tabellen für diese Manier veröffentlicht und dem Autor ist auch kein Astrologe bekannt, der dieses Methode in der Praxis anwendet. Sie ist nichtsdestoweniger eine gute Illustration dafür, wie weit man

---

[12] Statt der Addition von 12h auf die Sternzeit und der Addition von 180° auf die Campanus-Häuserspitzen kann man auch die Campanus-Häuserspitzen zur angegebenen Sternzeit, aber zur Co-Breite mit den richtigen Vorzeichen nehmen. Also: Campanus-Häuser zu Sternzeit 3h 31m und 38° S 32' sind gleich Zenithäuser zu Sternzeit 3h 31m und 51° N 22' (Anm. R. Plantiko).

gehen kann, wenn man die Mechanik einer astrologischen Technik von der konzeptionellen Basis scheidet.

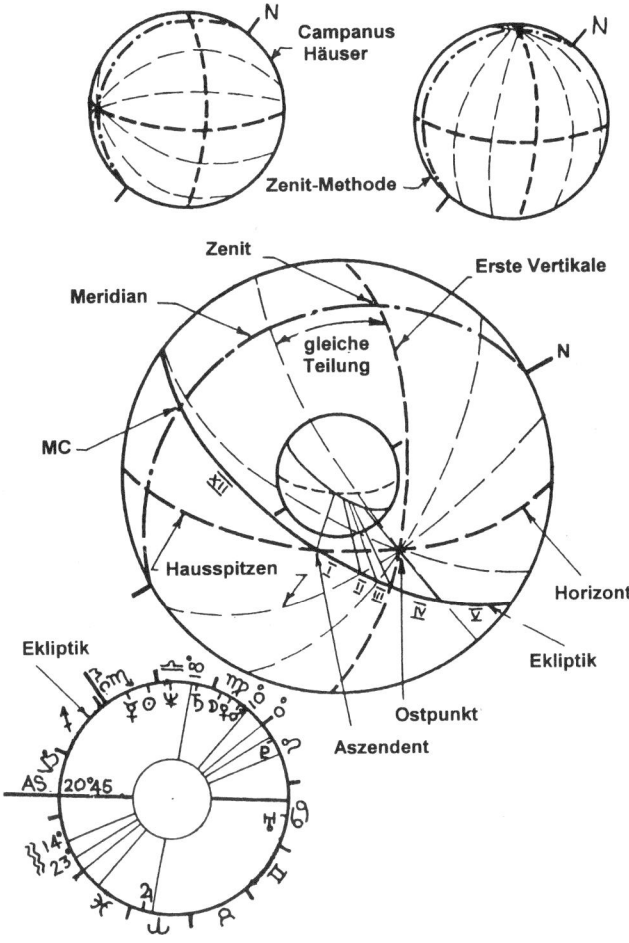

Abbildung 16: Ostpunkt-Methode

Bei dieser Methode können enorme Verzerrungen der Häuser auftreten und es ist durchaus üblich, daß ein Haus die halbe Ekliptik einnimmt und damit fünf Zeichen einschließt und andere Häuser dafür beinahe ganz verschwinden. Es fällt außerdem schwer das dabei entstehende „I. Haus" als Entsprechung zu dem zu sehen, was man normalerweise als I. Haus betrachtet.

3.3. Die Zeitsysteme

Wie schon erwähnt, basiert das Prinzip zur Erstellung der Häuser in einem Zeitsystem darauf, die Ortung der Hausspitzen auf der Ekliptik mit einer Methode vorzunehmen, welche die Zeit gleichmäßig teilt, die ein Punkt (z.B. MC oder AC) benötigt, um auf einem Bogen die Himmelskugel in schräger Aufsteigung zu durchlaufen. Die Vertreter dieser zeitdynamischen Häuserteilung stehen der Einführung von Raumsystemen meist generell feindlich gegenüber und berufen sich auf das „Ziffernblatt der Häuser." Sie betrachten die Hausspitzen einfach als signifikante Punkte, die als spezielle Auslöser herausgegriffen werden und die diese über die 360° des Tierkreises jagen. Wie bereits im ersten Kapitel ausgeführt, ist das Horoskop im Grunde genommen kein symbolisches Mandala der Persönlichkeit, sondern eine faktische Repräsentation von physikalischen und begrifflichen Wesenheiten: Ekliptik, Zeichen und Planeten. Da die Planeten äußerst selten exakt auf der Ekliptik laufen, ist es notwendig, ihr räumliches Verhältnis zu diesem Kreis mit in Erwägung zu ziehen. Dies bedeutet, daß man die Häuser selbst in einem Zeitsystem nicht nur als zweidimensionale Bereiche eines „Ziffernblattes" betrachten kann; man muß auch die dreidimensionale Ausdehnung berücksichtigen, um mit einem Planeten auf angemessene Weise umgehen zu können, der in einem gewissen Breitenabstand von der Ekliptik steht.

3.3.1. Das Alcabitius-System

Die Methode des arabischen Astrologen Alcabitius ist das älteste Beispiel für ein Zeitsystem der Häuserteilung. Wenn wir Abbildung 17 betrachten, sehen wir, daß Punkt 'A' (der Grad des Aszendenten) durch die Rotation der Himmelskugel in schiefer Aufsteigung steigt bis er in 'B' kulminiert (dem Grad der Himmelsmitte). Steigt 0° Widder/Waage auf, dann wird dies auch der Schnittpunkt von Äquator und Horizont sein und es dauert 6 Stunden bis der Punkt kulminiert. Jeder andere Punkt benötigt mehr bzw. weniger Zeit, wenn er auf der schräg aufsteigt. In unserem Beispiel wird es ganz offensichtlich weniger als 6 Stunden dauern.

In einer Häusertabelle läßt sich die Zeit ablesen, sobald der aufsteigende Grad kulminiert (sprich zur Himmeslmitte wird) und die Differenz zwischen dieser Sternzeit und der Sternzeit zum Zeitpunkt, als er noch Aszendent war wird festgehalten. Dies ergibt das Interval für die Zeit, in der 'A nach B lief'. Wird diese Zeit in drei gleiche Abschnitte geteilt, erhält man die Spitzen der Häuser XI und XII. Auf ähnliche Weise wird auch der Punkt festgelegt, der dem Imum Coeli entspricht und nach 'A' wandert; dieser wird wiederum in drei Teile geteilt und man erhält die Spitzen der Häuser II und III

Anhand der Abbildung läßt sich ersehen, daß die Bogenstücke 11-XI und 12-XII Teile von Großkreisen sind, die sich in den Polen der Himmelskugel treffen, und die Zeit, die erforderlich ist, um von '12' nach 'B' zu laufen ist identisch mit der Zeit für die Strecke von 'XII' nach 'C'. Aus diesem Grunde kann man die Häuserspitzen mittels einer ganz einfachen Methode finden: man stellt fest, auf welcher Gradzahl das MC zu den bereits gefundenen zeitlichen Intervallen steht. In unserem Bespiel ergibt dies folgende Hausspitzen:

Sternzeit der Geburt: 15h 31m

Aszendent 21° ♑ ; MC 25° ♏

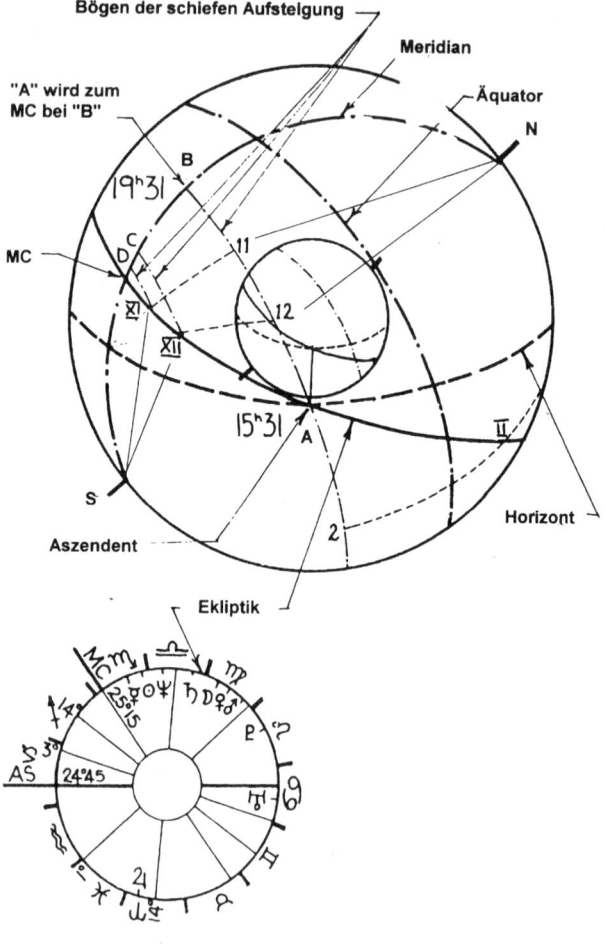

Abbildung 17: Alcabitius Methode

(i) 21° ♑ wird um 19h 31m zum MC. Die zeitliche
Differenz beträgt 19h 31m - 15h 31m = 4h 0m.
$^1/_3$ des Abstandes = 1h 20m
Spitze XI = 15h 31m + 1h 20m = 16h 51m
MC um 16h 51m = 14° ♐
Spitze XII = 16h 51m + 1h 20m = 18h 11m
MC um 18h 11m = 3° ♑.

Als leicht zu handhabende Gegenprobe kann der Aszendent mit einer anderen Addition errechnet werden, die mit dem aufsteigenden Grad, der ursprünglich gefunden wurde korrespondieren muß.

Spitze I = 18h 11m + 1h 20m = 19h 31m
MC um 19h 31m = 21° ♑

(ii) Für die übrigen Spitze gilt: Zeitpunkt, wenn 21° ♑
zum IC werden wird = 19h31m-12 h = 7h 31m.

Der Abtand beträgt folglich 15h 31m - 7h 31m = 8h 00m
$^1/_3$ des Abstandes = 2h 40m
Spitze III = 15h 31m - 2h 40m = 12h 51m
MC bei 12h 51m = 14°♎, Gegenzeichen 14°♈
Spitze III = 12h 51m - 2h40m = 10h 11m
MC bei 10h 11m = 1° ♍, Gegenzeichen 1° ♓

Wiederum kann man die Gegenprobe machen wie oben gezeigt. Die Methode könnte sehr empfehlenswert sein und angesichts der einfachen Berechnung, scheint sie als Zeitsystem unverdient vernachlässigt zu werden.

3.3.2. Das Placidus System

Die heute sicherlich am weitesten verbreitete Methode der Häuserteilung wurde von dem italienischen Mönch und Mathematiker Placidus de Titi im 17. Jahrhundert entwickelt. Angesichts der Tatsache, daß die Methode anfänglich schnell von vielen Autoritäten verworfen wurde, ist es um so mehr erstaunlich, daß sie heute so stark in Gebrauch ist. In der englischsprachigen Welt läßt sich dies weitgehend auf den Astrologen R. C. Smith zurückführen, der im Jahre 1821 unter dem Namen *Raphael* einen Almanach mit verschiedenen astrologischen Inhalten veröffentlichte. In diesem war ein kurzer Abschnitt mit Häusertabellen enthalten, die auf der Placidus-Manier basierten. Als die Raphael Ephemeride aus dem Almanach herausgenommen wurde, wurden die Placidus Häusertabellen beibehalten. So kam dieses Häusersystem in Mode, denn es waren lange Zeit mehr oder weniger die einzigen verfügbaren Tabellen.

Das System des Placidus basiert auf ganz ähnlichen Grundvoraussetzungen wie die Manier von Alcabitius. Die Zeit, die jeder Grad zurücklegt, um vom Aszendent zur Himmelsmitte zu laufen wird notiert. Dann wird das zeitliche Intervall (der halbe Tagbogen) in drei gleiche Teile geteilt, um die Zeitpunkte zu erhalten, an denen der Grad zur Spitze des XII. oder XI. Hauses wird. Nach demselben Verfahren wird der halbe Nachtbogen (vom IC zum AC) gedrittelt, und zu den nun gefundenen Zeitpunkten steht der Grad auf den Spitzen der Häuser II und III.

Betrachten wir unser Beispielhoroskop: 25° ♏ steht um 15h 31m an der Himmelsmitte und folglich um 3h 31m am IC.

(i) Aus der Häusertabelle ersehen wir, daß 25° ♏ der Aszendent von 51°N 22' um 11h 13m ist.

(ii) Daraus folgt: der halbe Tagbogen = 15h 31m - 11h 13m = 4h 18m

$^1/_3$ Bogen = 1h 26m

Daraus folgt: der halbe Nachtbogen = 11h 13m - 3h 31m = 2h 34m

(iii) Folglich steht auf 25° ♏

die Himmelsmitte bei 15h 31m	
Spitze XI bei 15h 31m - 1h 26 m =	14h 05m
Spitze XII bei 14h 05m - 1 h 26m =	12h 39m
Aszendent bei	11h 13m
Spitze II bei 11h 13m - 2h 34m =	08h 39m
Spitze III bei 08h 39m - 2h 34m =	06h 05m

Allerdings ist ersichtlich, daß wir durch diesen Rechenvorgang noch nicht die Hausspitzen erhalten haben, sondern nur jene Sternzeit, zu der 25° ♏ an den Spitzen steht. Wenn wir denselben Vorgang für 24° ♏ wiederholen, erhalten wir folgende Werte:

Himmelsmitte	15h 26m
Spitze XI	14h 00m
Spitze XII	12h 34m
Aszendent	11h 09m
Spitze II	08h 35m
Spitze III	06h 01m

Nun können wir beide Werte in eine Tabelle eintragen:

Sternzeit	MC ♏	XI ♏	XII ♏	AC ♏	II ♏	III ♏
15h 31m	25°					
15h 26m	24°					
14h 05m		25°				
14h 04m		24°				
12h 39m			25°			
12h 34m			24°			
11h 13m				25°		
11h 09m				24°		
08h 39m					25°	
08h 35m					24°	
06h 05m						25°
06h 01m						24°

Wir sehen, daß wir mit der Konstruktion einer Placidus-Häusertabelle für 51°30' nördlicher Breite begonnen haben. Auf ganz ähnliche Weise kann man mit etwas Geduld alle Werte errechnen, ohne daß weitere mathematische Fertigkeiten vorausgesetzt wären. Hieraus wird wiederum ersichtlich, warum dieses System im 19. Jh. für die Astrologen so anziehend war.

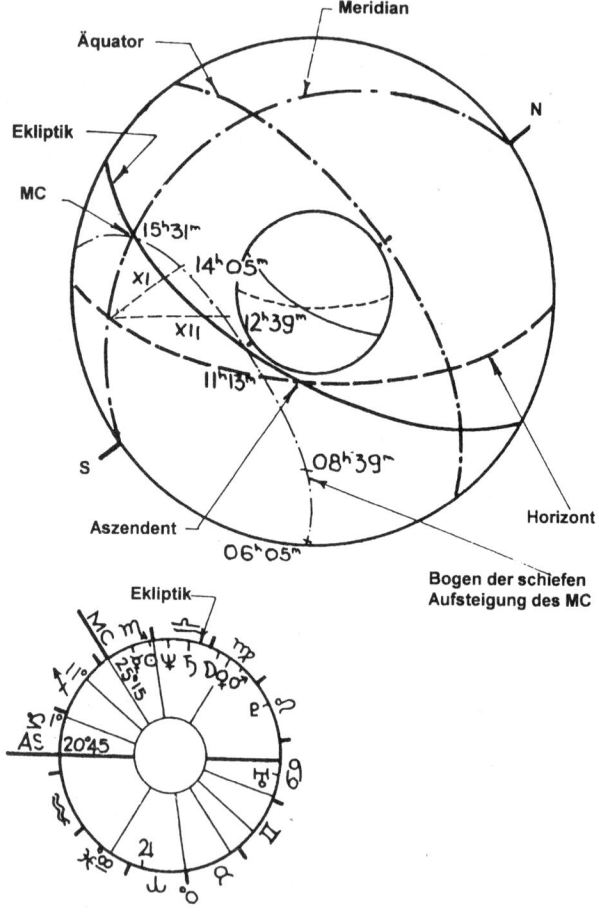

Abbildung 18: Placidus-Methode

Die placidiansche Häusertheorie basiert auf der Annahme einer „Zeitebene", die von jedem ekliptikalen Grad im Verlaufe einer siderischen Revolution verschoben wird. Die Zeit, zu dem der Grad jene Punkte erreicht, welche den halben Tag- oder Nachtbogen dritteln, ergibt den Zeitpunkt zu dem der laufende Grad Häuserspitze wird. Die Häusermanier des Placidus wurde oft aufgrund der Tatsache angegriffen, daß er die Zeit künstlich anglich, die ein Tierkreisgrad im jeweiligen Quadranten verbringt, den er in drei gleiche Segmente teilt. Dieser Vorwurf wird oft wiederholt und sollte deswegen näher untersucht werden

So stellt Colin Evans in NEW WAITE'S COMPENDIUM OF NATAL ASTROLOGY[13] fest: *„Aber z.B. braucht 25° Skorpion als zufällig gewähltes Beispiel 4 Stunden und 18 Minuten, um durch jeden Tageshalbbogen zu laufen (oder rückwärts durch die beiden Quadranten I bis X und X bis VII) und 7 Stunden 42 Minuten, um durch die beiden anderen Halbbögen (oder Quadranten des Horoskops) unter der Erde zu gehen. Folglich ergibt sich für London nach Placidus: 25° Skorpion steht auf Spitze I um 11h 13m, Spize XII um 12h 39m, Spitze XI um 14h 05m und Spitze X um 15h 31m. Das heißt 25° Skorpion braucht 1 Stunde und 26 Minuten, um über der Erde von Spitze zu Spitze zu laufen und dann ein längeres Interval, nämlich 2 Stunden 34 Minuten um die anderen Spitzen unter der Erde zu erreichen. Dieses System basiert deshalb auf künstlichen Unterteilungen der tatsächlich ungleichen Zeiträume, die ein Tierkreisgrad im jeweiligen Quadrant zubringt."*

Untersuchen wir die Himmelskugel jedoch eingehender, so werden wir feststellen, daß diese Kritik tatsächlich recht falsch ist. Abbildung 19 zeigt den Weg von 25°♏ in schiefer Aufsteigung und Absteigung nochmals detaillierter. Es ergibt eine Kreisbahn, bei der die Polarachse senkrecht durch ihren Mit-

---

13 Im Original beschreibt Evans ein Horoskop mit Aszendent 0° ♊. Holden hat das Zitat zum Zweck des besseren Vergleichs auf 25° ♏ abgeändert und das Besipiel entsprechend durchgerechnet.

telpunkt geht und durch den Bogen MC-IC (den Nord-Süd-Meridian). 25° ♏ benötigt 24 Stunden, um den Kreis IC-MC-IC zu durchlaufen, der Bogen IC/MC wird von 25° ♏ in 12 Stunden durchquert. Der punktierte Bogen a - P - b repräsentiert den Großkreis der Länge in 90° zum Meridian und wird folglich seinerseits die Halbkreise IC-MC zweiteilen. D.h. 25° ♏ benötigt 6 Stunden, um jeden Quadranten IC-a und a-MC zu durchlaufen. Da der Geburtsort jedoch nicht am Äquator liegt, existiert eine polare Elevation, so daß der Großkreis des rationalen Horizonts (angezeigt durch den Umfang den Bogens, der AC und DC verbindet), an diesem 90°-Winkel des Großkreises der Länge zum Meridian liegt. Demnach wird der Horizontkreis den Kreis, der dem Weg von 25° ♏ in schiefer Aufsteigung entspricht, über den Schnittpunkten der Längenkreise schneiden. Aszendent und Deszendent liegen also über a und b. Der Anteil der Kreisbewegung von 25° ♏ ist dementsprechend über dem Horizont geringer als unter dem Horizont.

Kennen wir die Sternzeit von 25° ♏ am MC, dann muß sie am IC 12 Stunden früher bzw. später betragen. Aus unserer Aszendententabelle (s.o.) können wir auch entnehmen, wieviel Uhr es gerade am Horizont ist (nämlich 11h 31 m). Dies heißt, daß der Punkt vom IC bis zum Horizont in 7 Stunden 42 Minuten wandert und vom Horizont zum MC in 4 Stunden und 18 Minuten. Die Verweildauer unseres Punktes in den einzelnen Quadranten ist also ungleich, während sich die Bewegung von 25° ♏ völlig gleichmäßig vollzieht. Die Punkte der Drittelung der Bögen IC-AC und AC-MC müßten also jeweils exakt nach einem Drittel der Zeit für einen Lauf durch den Quadranten erreicht werden. So gesehen basiert das System also nicht *„auf künstlichen Unterteilungen der tatsächlich ungleichen Zeiträume, die ein Tierkreisgrad im jeweiligen Quadrant zubringt"*, sondern auf der natürlichen und gleichen Unterteilung des Bogens in schiefer Aufsteigung des Punktes.

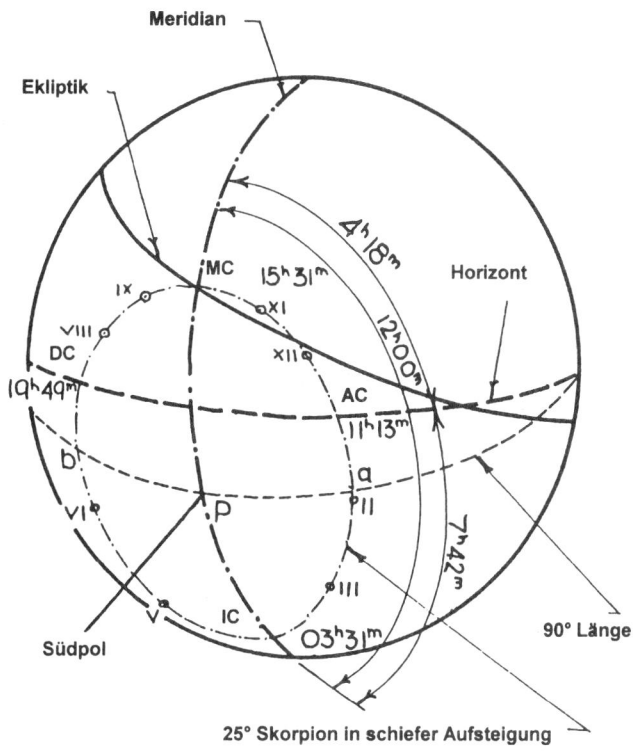

Abbildung 19: Placidus Methode am Beispiel 25° ♏

Dies läßt sich leicht erkennen, wenn wir den Halbtagesbogen MC-DC betrachten. An sich müßte 25°♏ diesen Bogen ebenfalls in 4 Stunden und 18 Minuten durchlaufen. Deshalb wird 25°♏ auch um 19h 49m zum Deszendenten. Dies bedeutet aber, daß 25°♉ am Aszendent stehen muß. Welche Fehler das Placidus System auch haben mag, diese sind jedenfalls nicht in der Mathematik zur Erstellung der Tabellen zu suchen.

3.3.3 Das Geburtsorthäuser-System (GOHS)

Für dieses Häusersystem wurden 1971 Tabellen mit großen Ansprüchen veröffentlicht. Der Autor Dr. Walter A. Koch *„suchte weiter, bis er die richtige und endgültige Lösung des Häuserproblems gefunden hatte."*[14]

In der Einleitung werden die Prinzipien in den folgenden Worten erklärt: *„Die veralteten Manieren von Campanus und Regiomontanus sind räumlich-statischer Natur. Das GOHS ist zeitlich-dynamisch. Es bewertet alle Ekliptikpunkte nach der Stellung, die sie am Geburtsort am Aszendent einnehmen Es rechnet daher prinzipiell nur mit der für den Geburtsort zuständigen schiefen Aufsteigung des Geburtsortes und auch nicht mit anderen schiefen Aufsteigung."* Und weiter: *„Das GOHS beruht auf der erst durch W. Koch festgestellten Tatsache, daß für den Geburtsort der Bogen der schiefen Aufsteigung vom MC über den ASZ zum Imum Coeli (Haus IV, IC) gleich dem ganzen Tagbogen des MC ist und daß der Bogen der schiefen Aufsteigung vom MC zum ASZ sowie der Bogen der schiefen Aufsteigung vom ASZ zum IC gleich dem Halbtagebogen des MC sind."*[15]

Es darf mit einiger Sicherheit angenommen werden, daß es kaum trigonometrische Merkmale der Himmelskugel gibt, die im 20. Jahrhundert noch nicht entdeckt waren. Auch wenn Dr. Koch behauptet, eine besondere Technik einzuführen, so dürfte das Systems im Grunde nur eine Variante der Alcabitius-Methode sein. Wo Alcabitius den Bogen der schiefen Aufstei-

---

[14] Dr. Walter A. Koch und Elisabeth Schaeck. *Häusertabellen des Geburtsortes für 0° - 60° nördliche Breite.* (Bietigheim, 1971) S. 3. Koch veröffentlichte die ersten Tabellen, entwickelt wurden das System jedoch von H. Specht und F. Zanziger. Siehe hierzu H. Specht in *Astrolog 69/1992.*

[15] Koch/Schaeck S.3

gung von der Ekliptik bis zum Meridian anwendet, operiert das Geburtshäusersystem mit dem Bogen vom Horizont zur Ekliptik, wie Abildung 20 zeigt.

Die Zeit, die Punkt A benötigt, um in schiefer Aufsteigung zum MC zu werden, kann man aus den Tabellen ablesen, indem man die Differenz der Zeit nimmt, inder ein Tierkreisgrad am MC bzw. am AC steht. Dies ist die Zeit, in der dieser Punkt entlang des Bogens A-MC läuft. Diese Zeit wird in drei gleiche Abschnitte geteilt, welche die Punkte 12 und 11 auf der Strecke A-MC ergeben. Die Bögen 12-XII und 11-XI sind Teile von Krisen, die parallel zur Ebene des Horizonts verlaufen und demnach dieselbe Elevation (oder denselben Pol) haben wie der Geburtsort. Die jeweilige Ebene schneidet die Ekliptik bei XII und XI, was den Spitzen des 12. und 11. Hauses entspricht. Die umgekehrte Vorgehensweise ergibt das 3. bzw. 2. Haus.

Es ist nun so, daß die Tierkreislänge der Punkte XII und XI durch eine einfache Addition errechnet werden kann, indem man den Zuwachs an Zeit zu dem Zeitpunkt hinzurechnet, an dem sich das MC am Aszendent befindet. Anschließend liest man aus der Tabelle den so gefundenen aufsteigenden Grad ab.

Sternzeit 15h 31m, MC = 25° ♏

25° ♏ ist Aszendent um 11h 14m

Differenz 15h 31m - 11h 14m = 4 Stunden 17 Minuten

1/3 Interval = 1 Stunde 26 Minuten

Spitze XI = 11h 14m + 1h 26m = 12 h 40m

Aszendent zu dieser Zeit = 11° ♐

Spitze XII = 12 h 40m + 1 h 26m = 14h 06m

Aszendent zu dieser Zeit 28° ♐.

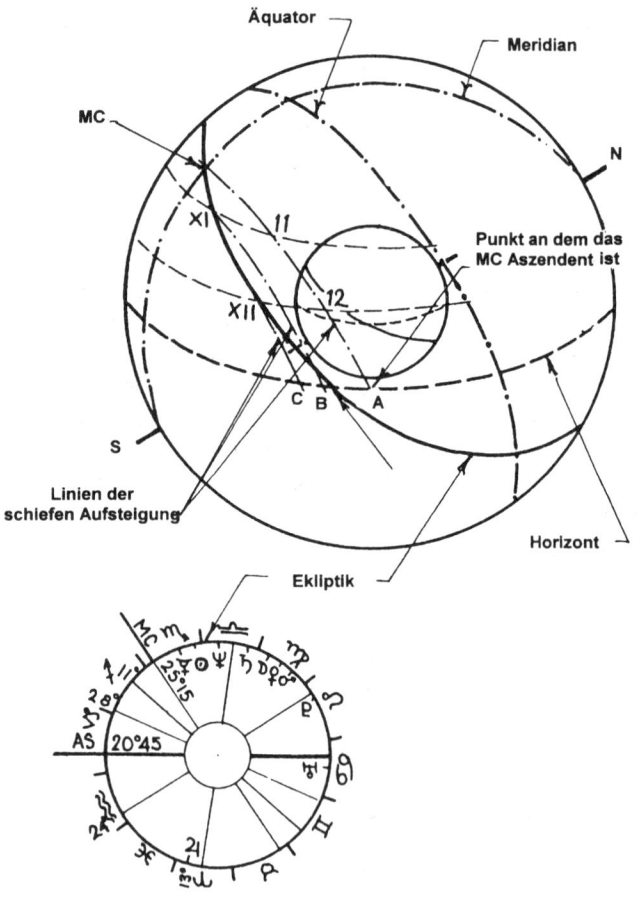

Äquator

Meridian

MC

N

XI

11

Punkt an dem das
MC Aszendent ist

XII

12

C B A

S

Linien der
schiefen Aufsteigung

Horizont

Ekliptik

MC

AS 20°45

Abbildung 20: GOH System

Die verbleibenden Spitzen lassen sich dann finden wie folgt:

25° ♉ (d.h. das IC bei einem MC von 25° ♏) ist um 19h 47m der Aszendent.

Differenz = 19h 47m - 15h 31m = 4 Stunden 16 Minuten

$^1/_3$ Intervall = 1 Stunde 25 Minuten.

Spitze II = 15h 31m + 1h 25m = 16h 56m

Aszendent zu dieser Zeit 24° ♒.

Spitze III = 16h 56m + 1h 25m = 18h 21m

Aszendent zu dieser Zeit = 13° ♈.

Man kann die Häuserspitzen also mit Leichtigkeit aus einer Aszendententabelle entnehmen und die separaten Tabellen für die Geburtshäuser sind nicht nowendig. Akzeptiert man das Prinzip der *Zeitdynamik* des Haussystems, dann ergibt diese Manier einen gewissen Nutzen. Ob dieses System den höchsten theoretischen Ansprüche, die es erhebt, auch genügt, muß offen angezweifelt werden. Möglicherweise ist es sogar das am wenigsten akzeptable Zeitsystem, wie wir noch sehen werden. Es ist auf jeden Fall übertrieben, wenn behauptet wird, daß Koch *„die richtige und endgültige Lösung des Häuserproblems"* gefunden hat.

3.3.4. Das topozentrische Häusersystem

Diese Häusermethode wurde erstmals 1961 von Wendel Polich und A.P. Nelson Page vom Centro Astrologico in Buenos Aires publiziert. Zwischenzeitlich wurde beachtliche Arbeit geleistet und in dem Buch TABLAS DE ASCENSIO RECTA ECLIPTICA CON MANUAL DE DIRECCIONES PRIMARIAS wurden einige bemerkenswerte Feststellungen bezüglich des Systems bei der Anwendung von Primärdirektionen gemacht. Es sind zwei Tabellen erstellt worden, eine für die wichtigsten Städte Südamerikas und eine für die Breiten von 0° bis 90°.

Das topozentrische Häusersystem ist eine Verfeinerung der Placidus-Methode, bei der die Pole der Häuser direkt in Bezug gesetzt werden zur geographischen Breite bei der Geburt, anstatt zu einer Reihe von Zeitebenen. Die Hausspitzen ergeben sich durch die Bewegung eines Ekliptikgrades während seines Tages- oder Nachtbogens. Aber, um die Unterschiede beider Methoden hervorzuheben[16], müssen wir eine kurze Exkursion in die Gefilde der Trigonometrie unternehmen. An jedem x-beliebigen Breitengrad steht der Pol der Erde in einem Winkel zur Ebene des Horizonts, die numerisch der geographischen Breite des Ortes entspricht. Dies bezeichnet man als Polhöhe. So beträgt in London beispielsweise sowohl die geographische Breite als auch die Polhöhe 51°30'. Der Wert des Meridians verändert sich nicht bei einer anderen Breite; d.h. der Groß-kreis, welcher die Spitze der Häuser X und IV bildet (vorausgesetzt MC steht an dieser Achse) ist in allen Häusersystemen für alle Breitengrade identisch.

Der Großkreis, auf dem die Spitzen der Häuser I und VII basieren, ist bei (fast) allen Systemen übereinstimmend mit dem Horizont. Somit können wir diese Ebene als den Groß-kreis definieren, welcher senkrecht zum Meridian steht und dessen Polhöhe der Breite entspricht. Dies bezeichnet man im allgemeinen als den 'Pol' der Häuser I und VII. Zur leichteren Handhabung bezeichnen wir den Wert der Breite mit φ d.h. der Pol des Aszendenten ist ebenfalls φ. Da der Meridian keine Polhöhe hat steht er immer auf 0°.

Polhöhen, welche die Spitzen der Häuser XI/III und XII/II ergeben, müssen offensichtlich polare Werte haben, die größer als 0° (nämlich dem Pol von X/IV) sind, aber kleiner als φ (dem Pol von I/VII). Was die verschiedenen Systeme geometrisch vornehmen ist folgendes: sie geben unterschiedliche Formeln an zur Festlegung der Pole für diese Großkreise der Zwischenhäuser.

---

[16] In den Tabellen sind die Unterschiede der Werte eher gering.

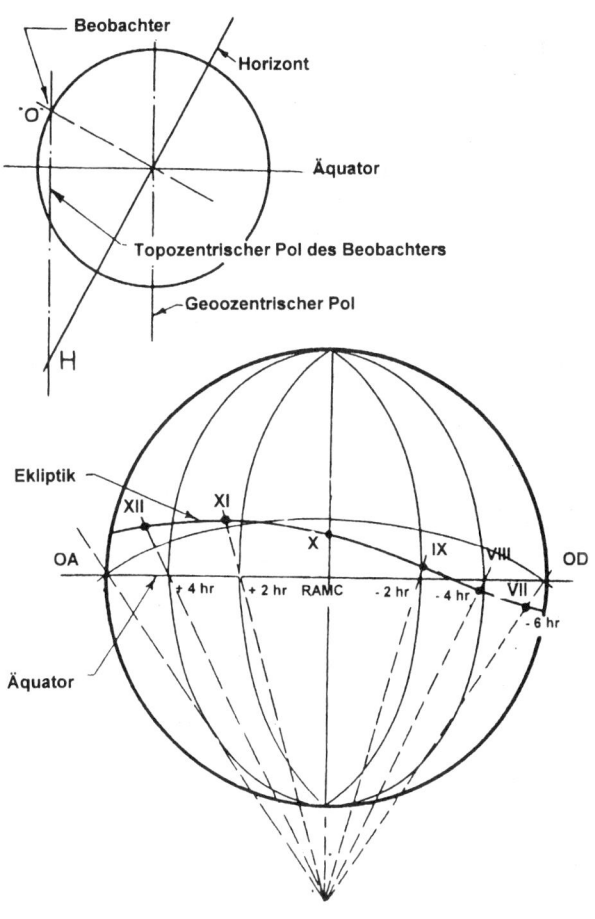

Abbildung 21: Topozentrische Häusermethode

In den bevorzugten Raumsystemen, nämlich Campanus und Regiomontanus, enthalten die Pole der Häuser ein festes trigonometrisches Verhältnis zur Himmelssphäre. Sie unterscheiden sich voneinander dadurch, daß Campanus die Häuser durch eine Drittelung der Quadranten des Ersten Vertikals definiert, während Regiomontanus den Quadrant des Äquators in drei Teile teilt. Nehmen wir θ als Symbol für der Polhöhe dieser Zwischenhäuser, dann erhalten wir folgende Formeln:

Campanus:

Pol der Häuser XI/III	$\sin 30° \times \sin \varphi = \sin \theta$
Pol der Häuser XII/II	$\sin 60° \times \sin \varphi = \sin \theta$

Regiomontanus:

Pol der Häuser XI/III	$\cos 60° \times \tan \varphi = \tan \theta$
Pol der Häuser XII/II	$\cos 30° \times \tan \varphi = \tan \theta$

Selbst wenn man die trigonometrische Funktion nicht berücksichtigt ist ersichtlich, daß der Wert der Pole in beiden Fällen proportional zum Wert der Breite ist. Wenn wir uns nun aber nochmals der Placidus-Manier zuwenden, so wird es wieder etwas komplizierter. Hier teilen wir keine statische Sphäre, die Häuserspitzen sind vielmehr das Resultat der Bewegung eines Punktes auf der Ekliptik. Wir müssen uns dies so vorstellen, daß die ganze Ebene des Horizonts mit dem Grad der Ekliptik „verknüpft" ist, welcher gerade aufsteigt. Dieser wird durch den Raum der Himmelssphäre getragen und seine Position markiert in regelmäßigen Abständen die Grenzen der Häuser. Deswegen können wir die Pole dieser placidianischen Häuser auch nach der folgenden Methode aus einer Aszendententabelle ablesen.

Aus der Häusertabelle wissen wir, wenn 25°♏ am MC steht, ist die Gradzahl für die Spitze von Haus XII auf 1°♑ bei einer Sternzeit von 15h 31m. Dies entspricht einem RAMC von 233°. Zunächst subtrahieren wir 30° vom RAMC (d.h. wir ziehen 2 Stunden von der Sternzeit ab) und erhalten einen RAMC von 203° oder 13h 31m. Nun nehmen wir eine Aszendententabelle für verschiedene Breitengrade und suchen die entsprechende Breite, wo um 13h 31m der Aszendent auf

1° ♑ steht. Diese liegt ungefähr bei 41°. Der Pol für die Häuser XII/II in unserer placidianischen Karte für eine Geburt auf 51° 22' nördlicher Breite beträgt also 41°. Indem wir 60° vom RAMC subtrahieren, erhalten wir die Pole der Häuser XI/III auf ganz ähnliche Weise.

Das 'Bild' hinter dieser Manipulation von Aszendenten und Zeiten ist die vorgestellte Bewegung der Ebene des Aszendenten von London, bis dieser mit der Spitze des XII. Hauses übereinstimmt.

Unglücklicherweise enthält das Bild aber eine Komplikation. Die Ebene des Horizonts vollzieht (außer bei Orten am Äquator) keine einfache Rotation auf einer Achse durch den Nord- und Südpol des ursprünglichen Horizonts. Sie vollzieht vielmehr eine Art schiefe Bewegung, welche eine Verlagerung der Pole der Häuser XI/III und XII/II bedingt. Dies hat eine äußerst komplexe Formel zur Folge, wenn wir die placidianischen Pole direkt von der geographischen Position ausgehend berechnen wollen, was bei Campanus oder Regiomontanus notwendig war. Die erforderlichen Formeln lauten wie folgt:

Zunächst müssen wir den Winkel berechnen, der ψ ergibt:

$$\sin \psi \quad = \tan \varphi \text{ (Breite) x } \tan 23° 27' \text{ (eklipt. Schiefe)}$$
$$= \tan \varphi \text{ x } 0.4337^8$$

Pole der Häuser XI/III = $1/0{\cdot}4337^8$ x $\sin \psi/3$ = $\tan \theta$

Pole der Häuser XII/II = $1/0{\cdot}4337^8$ x $\sin 2\psi/3$ = $\tan \theta$[17]

Die Komplexität der placidianischen Formel resultiert aus der schwierigen Bewegung, der 'Zeitbewegung' der Aszendenten-Ebene durch die Sphäre. Für einen Beobachter am Geburtsort existiert diese Komplexität nicht, indem man den Himmelsraum sieht. Deswegen haben die Autoren des topozentrischen Systems die Teilung der Bögen der Aufsteigung

---

[17] Mit diesen Formeln erhält man nur Näherungswerte für die Polhöhen der Zwischenhäuser. die wahren Werte ergeben sich, wenn man statt 23°27' die Deklinationen der Placidus-Häuserspitzen einsetzt (Anm. R. Plantiko).

Ekliptikpunkte als die Basis für ihre Manier genommen (wie schon Placidus), aber die Pole der Häuser einfach in Bezug zur geographischen Breite des Geburtsortes gesetzt. Dadurch wurden die Mängel der placidianischen Mathematik überwunden. In einem Artikel in SPICA stellen die Autoren fest: „*Auf diese Weise enthält das topozentrische Häusersystem die Lösung der beiden Prämissen, welche die bedeutendsten Astrologie-Schulen vertreten, nämlich einerseits die Drittelung der Zeit (Placidus) und andererseits die Drittelung des Raumes (Campanus).*"

Die Formeln für die Pole im topozentrischen System:

Pol der Häuser XI/III $\quad ^{1}/_{3} \tan \varphi = \tan \theta$

Pol der Häuser XII/II $\quad ^{2}/_{3} \tan \varphi = \tan \theta$

In der Praxis werden die so gewonnenen Häuserspitzen für diese Pole etwa innerhalb 1° zu den mit Placidus erreichten liegen. Diese Differenz ist in der Tat für die Arbeit mit Radixhoroskopen meist unerheblich. Aber tatsächlich diese Methode einen gewissen logische Vorteil in sich und schon eine geringe Abweichung bei den Häuserspitzen kann bei der Prognose von entscheidender Bedeutung sein.

Die eigentliche 'Konstruktion' der Häuser im Raum geschieht mittels eines Kegels (siehe Abbildung 21), dessen Basis der Äquator ist. Die Proportion von der Spitze bis zur Basis wird durch das mathematische Verhältnis zwischen den geozentrischen und den topozentrischen Polen zu einem Punkt am Himmel bestimmt. Die Projektion der gleichen Teilung des Äquators mittels dieses Kegels – und dies muß nachdrücklich betont werden – ist lediglich ein Hilfsmittel zur Festlegung der Häuserspitzen. Die Häuser selbst sind ebenfalls Großkreise und nicht Kegelausschnitte, wie manche Autoren vermutet haben.

Die vermutlich wichtigste Behauptung von Polich und Nelson-Page lautet, daß das topozentrische System nicht auf theoretischen Überlegungen, sondern auf empirischer Grundlage beruhe. Im Kern wird gesagt, daß dies über die Beobachtung von Ereignissen erfolgt sei, die mit dem IX. Haus in Bezug standen; davon ausgehend wurde der Kreis des Hauses festgelegt ohne a priori festgelegte Annahmen. Danach wurde die Kurve mathematisch untersucht, um sie festzulegen. Dazu die Autoren: „Hierzu mußten wir nur die von den Primärdirektionen bekannte Methode umkehren. Beginne am direktionalen Ekliptikpunkt, der das Ereignis auslöste, addiere dieses zum Naibodbogen und messe den Bogen auf der Parallele zum Ekliptikpunkt. So erhielten wir den Punkt auf dem Kreis des Hauses, den wir suchten."

Hierzu eine wichtige Anmerkung: Zwar wird behauptet, die Methode sei vollkommen empirisch gefunden worden, aber gleichzeitig werden sowohl Primärdirektionen als auch der Naibodbogen als Grundkonzept der Astrologie vorausgesetzt. Dies würde nicht jeder Astrologe annehmen und man darf Zweifel an der Zulässigkeit dieser Verfahrensweise haben. Der Leser, den diese Thematik weiter verfolgen möchte, sei an die Artikel in *Spica* verwiesen[18], auch wenn beide Artikel nicht in leicht verständlicher Sprache geschrieben sind.

3.4. Schlußfolgerung

Es gibt in der Tat noch weitere Methoden zur Häuserteilung eines Horoskopes. So macht es auch keine Schwierigkeiten, sich hinzusetzen und solange an einer Zeichnung der Himmelskugel zu experimentieren, bis weitere Häusersysteme herauskommen. Alle haben den Anspruch, aus dem einen oder anderen Grunde ernst genommen zu werden; und alle betonen die geforderte Zwölfteilung auf andere Weise. Es wurden auch andere Vorschläge eingebracht, die außerhalb der herkömmlichen Vorgehensweise anhand Ekliptik, Raum oder Zeit liegen. Zum Beispiel wird beim Nancunius System die Himmelsmitte mehrere Grade als Ergebnis einer Korrektur verschoben, die

---

[18] *Spica* Vol. III, No. 3 (April 1964) und *Spica* Vol. V, No. 3 (April 1966). Letzteres enthält eine Kritik an den mathematischen Grundlagen der Methode von Cyril Fagan und die Antwort der Autoren.

auf der Position des Mondes im pränatalen Epoche-Horoskop basiert. Der so gefundende Grad wurde auf alle anderen Spitzen übertragen.

Jedoch ist die Originalität einer Idee noch keine ausreichende Begründung, um ernsthafte Aufmerksamkeit zu erhalten. Diese ist vielmehr in der Beibehaltung an wichtigen und grundlegenden astrologischen Vorstellungen oder in einer weit verbreiteten Anwendung zu suchen. Dennoch können wir mit Fug und Recht sagen, daß wir alle wichtigen Methoden der Häuserteilung kennengelernt haben, auch wenn es hier und dort noch andere faszinierende Methoden gibt. Es wird nun unsere Aufgabe sein, die besonderen Schwierigkeiten zu untersuchen, die in den jeweiligen Systemen aufgrund ihrer Annahmen und Methoden stecken und zum Schluß unerschrocken eine abschließende Einschätzung versuchen.

4. Die Probleme bei der Teilung der Häuser

Für eine Bewertung der verschiedenen Methoden müssen wir zunächst bedenken, daß wir mit zweierlei Problemen konfrontiert werden. Der erste Problemkreis bezieht sich auf die physikalischen, geometrischen oder mathematischen Vorgänge der Häuserteilung. Aufgrund der variierenden Prozeduren gibt es in dem einen oder anderen System beschwerliche Gebiete, die die Handhabung der Häuser unter bestimmten Bedingungen sehr schwierig machen. Manche dieser Punkte lassen sich durch angemessene mathematische Operationen lösen; andere Schwierigkeiten lassen sich dadurch nicht ausmerzen und nur durch den Wechsel zu einer anderen Häusermanier beseitigen. Um diese Problematik wird es im folgenden gehen.

Ein zweiter Kreis von Problemen ist jedoch vermutlich noch viel bedeutsamer, gemeint sind die Schwierigkeiten mit den konzeptionellen Grundlagen der Häusermethode. Es ist ganz offensichtlich kaum sinnvoll, die mathematische Komplexität einer Häusermethode zu lösen, wenn die somit gewonnenen Häuser nicht zuverlässig gedeutet werden können und wenn die Vorstellungen, auf denen sie basieren, nicht dem Wesen der Astrologie und deren Zielsetzungen entsprechen. Diese Untersuchung ist selbstverständlich viel weniger klar zu fassen als die Punkte, die wir im vorliegenden Kapitel behandeln werden. Wir werden diese aber nicht ignorieren, sondern uns anschließend dem Thema annähern. Betrachten wir zunächst jene Faktoren, die bei der Häuserteilung zu Fehlern bei der Festlegung der Felderspitzen führen können.

107

4.1. Breitenfehler

Es kommt nur zufällig vor, daß ein Himmelskörper, abgesehen von der Sonne, exakt auf der Ekliptik liegt. Die Planetenbewegen sich auf Bahnen, die bis zu 8° auf beiden Seiten des Tierkreises variieren. Der Abstand des Planeten – senkrecht zu der Ekliptik gemessen – heißt Himmelsbreite und wird in der Ephemeride angegeben.

Wird ein Häusersystem so eingesetzt, daß die Großkreise, welche die Häusergrenzen abgeben, im rechten Winkel durch die Ekliptik gehen, (was nur der Fall ist, wenn sie sich auch an den Polen der Ekliptik schneiden), dann sind diese Großkreise ihrerseits Kreise der Himmelsbreite. Es ist deswegen offensichtlich, daß die Hausposition eines Planeten, selbst wenn er „Breite hat", exakt dieselbe sein wird wie die zodiakale Stellung. Der Abstand von der Häusergrenze wird identisch sein mit seinem Abstand von der Hausspitze, die in Tierkreisgraden gemessen wird. Dies illustriert Abbildung 22.

Aus diesem Grund entstehen bei allen von uns als „ekliptikal" klassifizierten Systemen (also äquale Häuser, Porphyrios, Natürliche Graduierung und M-Häuser), aber auch bei Morinus Häusern (da die Pole der Ekliptik die Schnittpunkte ergeben) keine Probleme hinsichtlich der Hausstellung eines Planeten. Dieser fällt immer in jenes Haus, welches von der zodiakalen Länge bestimmt wird.

Aber in allen Systemen, bei denen die Pole der Ekliptik *nicht* die Schnittpunkte der Häuserkreise abgeben, liegt eine völlig veränderte Situation vor, wenn der Planet einen Breitenabstand von der Ekliptik hat. In diesem Fall sind die Häuserkreise, da sie sich nicht in den Polen der Ekliptik schneiden und folglich nicht in einem rechten Winkel zur Ekliptik stehen, keine Kreise der ekliptikalen Breite. Sie liegen stattdessen in einem Winkel zu dieser, welcher mit zunehmender geographischer Breite des Geburtsortes wächst. D.h. während ein Planet unabhängig von seiner Breite immer dieselbe zodiakale

Länge hat, ist die Länge der Häuserspitze *nur die Länge des Ortes ihres Schnittpunktes mit der Ekliptik.* Dies bedeutet im Klartext, wenn ein Planet nahe einer Hausspitze, aber mit einem Breitenabstand von der Ekliptik liegt, ist es durchaus möglich, daß er in einem benachbarten Haus liegt und nicht in dem ermittelten (siehe Abbildung).

Alle Raumsysteme, abgesehen vom Morinus-System, leiden unter dieser Schwierigkeit. Im Bezug auf die Zeitsysteme liegt der Sachverhalt aufgrund weiterer Faktoren noch etwas komplizierter. Es ist jedoch ziemlich sicher, daß das Problem von Planeten mit ekliptikaler Breite bei diesen Methoden (Campanus, Regiomontanus, Axiale Rotation, Zenit und Ostpunkt Häuser) ernsthaft zunimmt, vor allem bei Geburten in höheren geographischen Breiten.

Die meisten Anwender dieser Systeme pflegen diesen Tatbestand zu ignorieren und behandeln die Planeten so, als ob ihre ekliptikale Länge deren tatsächliche Position wäre, d.h. als ob ihre zodiakale Breite 0° betragen würde. Dies bedeutet im Endeffekt, daß der Punkt auf der Ekliptik, also die zodiakale Länge der *effektive und signifikante* Punkt für die Astrologie ist und nicht *der Planet als solcher.* Dies ist durchaus möglich, es ist aber auch ein gewaltiger Schritt in astrologischer Theorie, der ganz erheblich von der akzeptierten Tradition abweicht. Dafür dürfen wir mit Recht ein vernünftiges Argument zur Erklärung erwarten. Dies scheint jedoch nicht unternommen worden zu sein, sieht man von der okkulten Annahme ab, daß jeder Tierkreisgrad in sich selber eine essentielle Bedeutung trägt. Es scheinen ernsthafte Zweifel angebracht, die zodiakale Länge eines Planeten in jeder Hinsicht so zu behandeln, als ob diese der betreffende Planet selber wäre. Man ist geneigt zu vermuten, daß die Gründe für diese Annahme in den großen Schierigkeiten liegen, mit dem Problem der ekliptikalen Breite von Planeten mathematisch umzugehen.

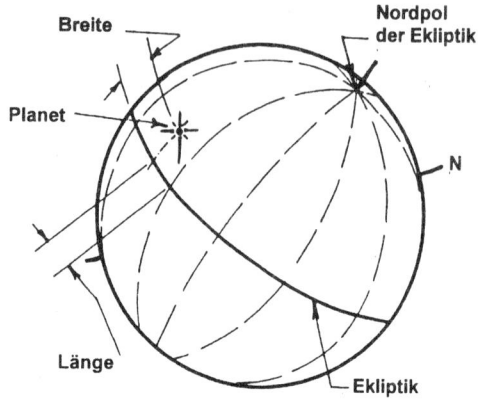

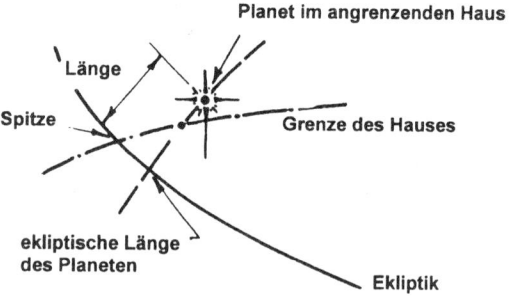

Abbildung 22: Der Breitenfehler bei der Häuserteilung

In Abbildung 22 wird deutlich, daß die Auffindung der Himmelsbreite des Punktes 'a' sehr ausgefeilte trigonometrische Berechnungen erfordert. Besitzt 'a' eine geringere Breite als der Planet, wird der Himmelskörper in diesem Fall eher in ein benachbartes Haus fallen als in das, welches seiner Tierkreislänge entspricht. Da Raumsysteme exakt das sind, was ihr Name impliziert, nämlich eine Methode, durch die der tatsächliche Raum der Himmelskugel geteilt wird, erfordert die Grundidee die Annahme, daß alles was in den Bereich eines Haussegmentes fällt auch in dem Haus ist. Selbst wenn wir dem betreffenden Punkt auf der Ekliptik eine Signifikanz einräumen, so zwingt uns doch ein Raumsystem dazu, daß wir einen Planeten im Hinblick auf seine tatsächliche räumliche Position prüfen. Das heißt, wir können dem Dilemma nicht entweichen.

Über das Ausmaß des auftretenden Breitenfehlers macht man sich manchmal auch nicht die richtige Vorstellung. Ich muß allerdings noch darauf hinweisen, daß bei unserem Beispielhoroskop, keine Planeten ihre Häuserstellungen durch den Breitenfehler verändert haben. Wäre die Geburt allerdings 20 Minuten früher gewesen, hätte dies Pluto auf höchst unerfreuliche Weise getroffen. Obwohl Pluto ekliptikal 15° von der Spitze des VIII. Hauses entfernt ist, steht er nach der Regiomontanus Methode aufgrund der räumlichen Position der Häusergrenze tatsächlich innerhalb von Haus VII.

Verwenden wir ein Raumsystem in höheren geographischen Breiten, werden wir immer mit einem echten Problem konfrontiert. Immer wenn ein Planet in einem Haus steht, das auf der Ekliptik 30° oder mehr einnimmt, und wenn der Planet mehr als 3° Breite hat, wird es erforderlich, seine Beziehung zur Häusergrenze im Raum zu kontrollieren. Das Prozedere ist etwas mühselig, aber wenn man sich auf ein einziges Hausystem festgelegt hat, ist dies ein Preis, den man zu zahlen hat. Erstellt man ein Horoskop mit einer Methode und interpretiert es ausschließlich mittels der ekliptikalen Länge, so bedeutet dies nicht nur der gewählten Methode eine Verletzung zuzufügen. Es werden ferner völlig ungerechtfertigte Annahmen über den Grundcharakter der Astrologie getroffen. Folglich muß auf die Bedeutung des Breitenabweichung mit Nachdruck hingewiesen werden.

In unserer bisherigen Diskussion erwähnten wir kurz, daß die Grenzen der Häuser in den unterschiedlichen Systemen ein Problem für sich darstellen. Die größte Schwierigkeit ergibt sich dadurch, daß wir es in erster Linie nicht mit einer Teilung des Raumes, sondern der Zeit zu tun haben; außerdem werden die Hausspitzen durch die schräge Aufsteigung eines Punktes auf der Ekliptik definiert. Folglich muß der Ort eines Planeten innerhalb eines Hauses auch unter Berücksichtigung seiner schrägen Aufsteigung auf die gleiche Weise definiert werden, wie der Ekliptikpunkt, der die Hausspitze festlegt. So gesehen müssen wir uns drei Fälle gesondert betrachten:

      (i) Alcabitius-Häuser

      (ii) Placidus und Topozentrische Häuser

      (iii) Geburtsort-Häuser (GOHS).

(i) Im Alcabitius System werden die Spitzen durch die Bewegung in schiefer Aufsteigung eines Ekliptikpunktes zum Meridian gebildet. Gehen wir nochmals zu Abbildung 17 zurück, so erkennen wir, daß die „Ebenen der Zeit" durch die Drittelung des halben Tagbogens des Äquators den Himmelsnord- und den Himmelssüdpol trifft. D.h. es gibt keine schräge Aufsteigung für einen Stern, Planet oder Ekliptikpunkt, wenn er von den Polen der Erde aus betrachtet wird, denn alles scheint in einem Rundkurs über diesem Punkt zu kreisen. Folglich müssen die „Zeitebenen" der Häuserteilung aus einer geometrischen Perspektive als äquivalent zu den Kreisen der Länge betrachtet werden. Da letztere nicht die Pole der Ekliptik schneiden, können sie auch nicht im rechten Winkel durch die Ekliptik laufen. Dies bedeutet als Konsequenz, daß es möglichsein kann, daß die Zeit, die ein Planet (mit zodiakaler Breite) benötigt um ein Drittel seines Tagbogens (sprich bis zu

Spitze XI) zu durchlaufen, nicht übereinstimmt mit der Zeit, die der Punkt (in zodiakaler Länge) auf der Ekliptik benötigt. So gesehen tritt der Breitenfehler auch beim Alcabitius-System auf.

(ii) Bezüglich der Placidus-Häuser und des Topozentrischen Systems haben wir die komplexen Bewegungen der Zeitebenen bereits oben diskutiert. Die „Zeitebene", geometrisch in erster Linie repräsentiert von dem Großkreis des Horizonts, bewegt sich asymmetrisch bis er zum Großkreis des Meridians wird. Während dieses Prozesses verändert sein Pol seinen Wert von der Breite bei der Geburt nach Null. Folglich wird die Position der Pole, geometrisch auf der Oberfläche der Himmelssphäre gezeichnet, die irgendwo *zwischen* dem Himmelspol und dem Nord- oder Südpunkt des Horizonts liegen. Für Placidus ist dies ein Drittel der Deklination des ekliptikalen Grades der Häuserspitze.

Zwar wird die Häuserstellung eines Planeten oder eines Punktes durch seinen Eintritt in eine gegebene „Zeitebene" gemessen, aber es ist dem Planeten mit einer ekliptikalen Breite dennoch möglich, bei seinem Aufstieg seine zodiakale Länge in die „Zeitebene" einzukerben. Gemeint ist der Aszendent und seine Ebene des Horizonts. Man wird sofort erkennen, daß ein Planet mit einer großen zodiakalen Breite lange vor oder nach seiner zodiakalen Länge aufsteigt. Steigt die Breite vor oder nach der Länge auf, so bedeutet dies z.B., daß der Planet eigentlich schon im XII. Haus steht, obwohl er in Tierkreislänge gemessen noch im I. Haus ist. Bei den anderen Zeitebenen treten vergleichbare Situationen auf. Beide Systeme müssen also sehr wohl auch mit Breitenfehlern rechnen.

(iii) Das System der Geburtsorthäuser nach Walter A. Koch unterscheidet sich deutlich von den anderen Methoden. Betrachten wir Abbildung 20. Die „Zeitebenen", welche Hausspitzen auf der Ekliptik markieren, werden von den Bögen kleiner Kreise gebildet, die parallel zum Horizont verlaufen. Die Geburtsorthäuser sind also (geometrisch gesprochen) keine

„Scheiben" der Himmelskugel, sondern entsprechen einer Reihe von Schnitten parallel zum Horizont, so daß eine Serie von unterschiedlich großen Ringen übrig bleibt. Die „Zeitebenen" rotieren in diesem Sinn nicht um eine Achse, sondern wachsen eigentlich aus dem Nadir zum Zenit.

Die Geburtsort-Häuser sind zwar als eine methodische Variation des Systems von Alcabitius, die implizite Annahme von „Zeitebenen", welche die Position der Planeten bestimmen, bedeutet jedoch eine radikale Abkehr von astrologischen Grundgedanken. Es wäre wünschenswert, präzisere statistische und theoretische Rechtfertigungen für das System zu erhalten, als bislang der Fall war (vor allem aufgrund der überschwenglichen Einschätzung). Wichtig ist für uns im Augenblick folgendes: da diese „Zeitebenen" *nicht* mit einem Winkel von 90° durch die Ekliptik laufen, konfrontiert uns jeder Planet mit einer zodiakalen Breite wiederum mit dem Breiteneffekt wie bei den anderen Methoden auch.

Zusammenfassend kann man sagen, daß der Breiteneffekt auf alle Raumsysteme außer der Morinus-Methode zutrifft, ebenso ausnahmslos auf alle Zeitsysteme. Unglücklicherweise handelt es sich dabei um eine mathematisch nur widerspenstig zu fassende Angelegenheit und graphisch läßt sich das Problem nur bedingt greifen. Es sind also durchaus Zweifel angebracht über die Zuverlässigkeit der Werte, welche die verschiedenen Häusersysteme in höheren geographischen Breiten erbringen.

4.2. Eingeschlossene Zeichen

Dies ist zwar in der Tat kein Problem, das sich im wesentlichen auf die Geometrie der Häuser bezieht, aber es ergibt Schwierigkeiten bei der Ausdeutung, die unmittelbar mit den verschiedenen Methoden zusammenhängen. Aus unseren Abbildungen der Himmelskugel wird für die Zeit- und Raumsysteme ersichtlich, daß mit zunehmender geographischer Breite die Winkelverzerrung zwischen der Ekliptik und dem Kreisbogen der Hausgrenze zunimmt. Das Ergebnis ist, daß die Groß-kreise gleich große 30°-Sektoren auf der Himmelskugel bilden, daß diese aber auf der Ekliptik mehr oder weniger als 30° betragen kann.

Nehmen wir zum Beispiel das Campanus System (bei dem dies meist etwas deutlicher hervortritt), so kann die Ekliptik in einem sehr weiten Winkelabstand zur ersten Vertikale liegen. In unserem Beispielhoroskop für London sind ungefähr 79° der Ekliptik in einem Kugelzweieck enthalten, das auf der ersten Vertikale nur 30° mißt. Für die Horoskopzeichnung eröffnen sich uns zwei Möglichkeiten: entweder wir nehmen die Erste Vertikale als Bezugssystem oder – wie in unserem Beispiel geschehen – die Ekliptik. Im ersten Fall würden wir ein Geburtsbild erstellen, bei dem alle Häuser gleich groß wären, aber die Tierkreiszeichen erscheinen am äußeren Rand unterschiedlich groß.

Wird dagegen die Ekliptik als Bezugssystem verwendet, so nehmen Zeichen und Häuser ihre gewohnten Plätze ein, aber die Zwischenhäuser sind sehr unterschiedlich über das Horoskop verteilt. Selbstverständlich verändern weder Zeichen noch Häuser tatsächlich ihre Größe, wir sind vielmehr in beiden Fällen mit perspektivischen Problemen dreidimensionaler Kurven konfrontiert. Die Hauptschwierigkeit ist dabei, daß mehr als 30° der Ekliptik innerhalb eines Hauses stehen; oder mehr als ein Haus fällt in ein Zeichen.

Ein Zeichen wird als „eingeschlossen" betrachtet, wenn es nicht an der Spitze eines Hauses steht. Dementsprechend sind Löwe, Jungfrau, Wassermann und Fische in unserem Beispiel eingeschlossene Zeichen. Ganz ähnlich sind die Häuser II, III, IV, V, IX, X, XI und XII eingeschlossen, weil an ihrer Spitze die gleichen Zeichen stehen. Eingeschlossene Faktoren ergeben eindeutig Deutungsprobleme.

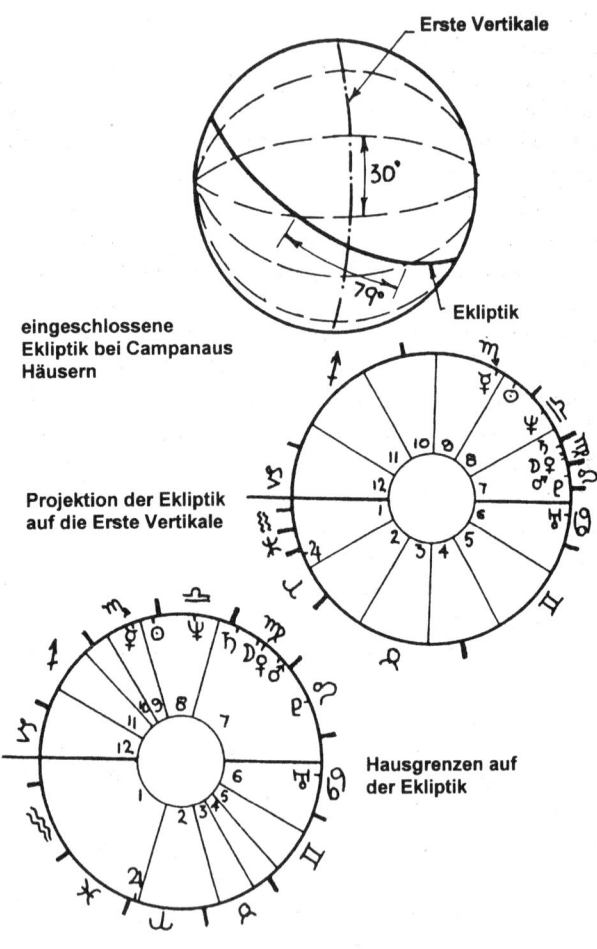

Erste Vertikale

30°

79°

Ekliptik

eingeschlossene Ekliptik bei Campanaus Häusern

Projektion der Ekliptik auf die Erste Vertikale

Hausgrenzen auf der Ekliptik

Abbildung 23: Eingeschlossene Zeichen

Bei eingeschlossenen Tierkreiszeichen sind wir gefordert zu entscheiden, welche Bedeutung wir denjenigen Zeichen geben, die nicht an den Spitzen erscheinen. Heißt dies (zum Beispiel), daß die vier Tierkreiszeichen keinen wesentlichen Einfluß auf den Geborenen haben? Wenn keine Planeten in Wassermann oder Fische stehen, fehlen diese zwei Qualitäten dann völlig? Welchen Wert messen wir ihren Herrschern bei?

Es besteht keine einhellige Meinung und Interpretation unter den Astrologen zu dieser Frage. Einige Autoren vermuten, daß diese Zeichen im Leben des Geborenen eine geringe Rolle spielen. Andere vertreten die Auffassung, daß diese Häuser sich mit den Zeichen an ihrer Spitze verbinden. Jene mit einem Hang zur Esoterik deuten die eingeschlossenen Zeichen als Überbleibsel aus früheren Leben (was abgesehen davon, daß den am Äquator geborenen Seelen größere Schwierigkeiten bevorstehen, auch eine theosophisch gefärbte Weltanschauung erfordert). Wieder andere messen gerade den eingeschlossenen Zeichen allergrößte Wichtigkeit bei und die entsprechenden Häuser gelten als dominante Lebensbereiche.

Andererseits wurde wenig Denkarbeit darauf verwendet, wie man mit eingeschlossenen Häusern umgehen sollte, obwohl das Problem allgegenwärtig ist. In unserem Beispiel herrschen vier Planeten in nicht weniger als neun der Häuser (genaugenommen zehn, wenn man Mars als Herrscher im Skorpion annimmt). Dieses Ungleichgewicht der planetaren Signifikanz birgt sicher ihre eigenen Probleme. Wenn man davon ausgeht, daß die erste Prämisse der Häuser und Zeichen die gleiche Teilung ist, dann wirft die Deutung der Eingeschlossenheit sehr große theoretische und praktische Schwierigkeiten auf. Eingeschlossene Zeichen treten bei den folgenden Häusersystemen in höheren geographischen Breiten auf: Porphyrios, Natürliche Graduierung, Campanus, Regiomontanus, Morinus, Axiale Rotation, Zenit, Ostpunkt, Alcabitius, Placidus, GOH-Häuser und topozentrische Häuser. Kurz gesagt, nur äquale und M-Häuser sind davon nicht betroffen.

4.3. Hausspitzen in polaren Regionen

Die Polarkreise liegen bei 66°30' nördlicher bzw. südlicher Breite. Auf diesem Breitengrad befindet sich die Grenze zwischen Polarnacht und Polartag, d.h. jene Zeiträume in denen die Sonne nicht über bzw. unter den Horizont kommt. Je näher wir an die Pole kommen, umso mehr Grade der Ekliptik gehen überhaupt nicht auf. Schließlich befinden wir uns an den Polen in der Situation, daß die Hälfte der Ekliptik nicht mehr über den Horizont kommt. Dies bedeutet, daß es bestimmte Grade der Ekliptik gibt, die in Breiten größer als 67° niemals Aszendent werden können. Daraus folgt, daß diese Gradzahlen bei jenen Häusermethoden, bei denen die Bewegung eines bestimmten Ekliptikgrades während eines vorgegebenen Zeitabschnittes zur Festlegung der Zwischenhäuser verwendet wird (sprich Zeitsystemen), niemals an der Spitze eines Hauses stehen können. So kann beispielsweise 2°♑ auf 70° nördlicher Breite niemals Aszendent werden, d.h. es kann auch kein Interval errechnet werden für die Bewegung, bis 2°♑ die Himelsmitte erreicht. Es ist demnach unmöglich, daß bei einem Horoskop mit einem Geburtsort auf diesem Breitengrad im Placidus-System jemals eine Hausspitze auf 2°♑ stehen kann. Dies heißt nun aber nicht, daß man bei der Placidusmanier keine Häuser in diesen Regionen erstellen könnte. In der Tat ist dies eine durchaus gängige Fehlinterpretation, die man in vielen Büchern findet. So sagt Margarete Hone in ihrem Buch THE MODERN TEXTBOOK OF ASTROLOGY:*„Manche Grade können nie eine Hausspitze einnehmen. Sonne, Mond und Planeten, die zu besagter Zeit auf jenen Graden stehen, können nicht in ein Horoskop aufgenommen werden. Es ist nicht möglich, ein vollständiges Geburtsbild zu erstellen."* Auch Colin Evans vertritt in NEW WAITE'S COMPENDIUM OF NATAL ASTROLOGY einen ähnlichen Standpunkt: *„Da manche Grade in höheren Breiten als 66½° nie Aszendent oder Deszendent sind, haben diese Grade, in jenen Regionen kein Zeitintervall zwischen Spitze I.*

118

Haus und VII. Haus, das man teilen könnte ... man kann keine Hausposition ermitteln ...und sie müssen weggelassen werden, ebenso jeder Planet (einschließlich Sonne und Mond), falls er dort steht."

Jedoch schon ein kurzer Moment des Nachdenkens wird uns zeigen, daß diese Behauptung nicht stimmt. Wie gesagt, die Tatsache, daß ein bestimmter Ekliptikgrad nicht Aszendent sein kann impliziert in keiner Weise, daß er deswegen nicht im Horoskop sein kann. Die Häuserspitzen sind ein Rahmen, der auf der Ekliptik errichtet (oder aufgesetzt) wird, der aber nicht im geringsten einen grundlegenden Effekt auf die Ekliptik selber hat. Die Planeten stehen an ihren entsprechenden Orten im Zodiak, unabhängig davon, welche geographische Breite für die Geburt vorliegt. Die bestimmten Grade bilden die Hausspitzen als ein Resultat von Zeit und Breite der Geburt; aber ziemlich unabhängig von den Planetenstellungen zur Geburt. So gesehen ist die Tatsache, daß ein bestimmter ekliptikaler Punkt in polaren Breiten nicht zur Hausspitze wird überhaupt kein Grund zur Annahme, daß davon die Stellung der Planeten betroffen sein könnte. Es ist geradezu lächerlich zu behaupten, daß eine Sonne nicht auf 2° ♑ stehen und somit nicht ins Horoskop gezeichnet werden könne, weil auf 2° ♑ kein aufsteigender Grad oder keine Spitze sei.

Im Placidus-System können alle Grade Häuserspitzen ergeben, die auch Aszendent sein könnten. Vorausgesetzt es gibt einen Aszendenten, dann sind alle Bedingungen zur Bildung von Häusern erfüllt. Erinnern wir uns, daß zum Beispiel bei den Ostpunkt-Häusern nur bis zu einer Breite von 81½° der aufsteigende Grad errechnet werden kann. Es gibt in der Tat gewisse Probleme im Zusammenhang mit der Festlegung des aufsteigenden Grades bei extremen Breitengraden, aber dies ist allen Systemen gemeinsam, die mit dem Aszendent als erste Häuserspitze arbeiten. Nur bei den M-Häusern, bei der Morinus-Methode und bei der Axialen Rotation wird dies ganz ausgeschlossen. Es ist überdies eine gängige Praxis die Häusertabellen auf die geographische Breite zwischen 0° und 66° zu beschränken, was nicht bedeutet, daß es für die restlichen Breiten unmöglich wäre. Es treten in diesen Regionen lediglich zusätzliche Probleme auf. Für die topozentrischen Häuser sind Tabellen für 0° - 90° vorhanden.

Die gerne wiederholte Behauptung, Placidus sei sich der grundsätzlichen trigonometrischen und geometrischen Einschränkungen (d.h. der völligen Untauglichkeit über 66½°) seines Systems nicht bewußt gewesen, ist recht absurd. Colin Evans stellt fest: *„Den alten Astrologen waren diese nördlichen Gebiete unbekannt und sie hielten ihre Bewohner für sehr andersartig."* Zugegeben, Placidus wird wenige norwegische, isländische oder finnische Horoskope berechnet haben, aber es bereitet geringe Probleme, sich vorzustellen, wie sich diese Spitzen in jenen geographischen Gebieten mathematisch verhalten.

Es muß jedoch darauf hingewiesen werden, daß gerade das erst jüngst entworfene GOH-System in Regionen mit höheren Breitengraden überhaupt nicht angewendet werden kann. Wir haben ausgeführt, daß 2°♑ auf 70° nördlicher Breite keinen Aszendenten ergeben kann. Wie oben gezeigt, wird der Grad der Himmelsmitte zur Zeit der Geburt solange verfolgt, bis er aufsteigt. Dann wird die zeitliche Differenz gedrittelt. Somit ist es bei dieser Methode unabdingbar, daß der kulminierende Grad zur Geburtszeit auch Aszendent sein könnte. Da aber 2°♑ um 18h 09m bei 70° N kulminiert, kann dieser Grad *nie* Aszendent sein und folglich also keine Häuser konstruieren.

Geburten in polaren Gegenden konfrontieren uns mit einer Reihe von praktischen, aber nicht unbedingt auch theoretischen Problemen. Anläßlich der Schwierigkeiten beim Festlegen des aufsteigenden Grades an diesen Orten wurden wenige Häusertabellen für diese extremen Breiten vorgelegt. Aufgrund der Komplikationen hinsichtlich der Mathematik der trigonometrischen Festlegung der Spitzen bei den meisten Raum- und Zeitsystemen, sind sie für den Großteil der Astrologen ohne Tabellenwerke nicht praktikabel. Diesbezüglich haben die einfacheren Systeme wie Äquale Häuser, Porphyrius, M-Häuser, Morinus oder Axiale Rotation einen Vorteil. Aber es muß betont werden, daß dies nicht unmittelbar auch einen theoretischen Vorteil bedeutet. Die GOH-Häuser sind über 67° sogar ganz untauglich, was die oben angeführte Behauptung, es sei die Lösung des Häuserproblems, eindeutig in Frage stellt. Es ist überdies auch möglich, daß das Konzept der Häuserteilung ganz als Mittel der Horoskopbetrachtung hinterfragt wird, wenn kein aufsteigender Grad festgelegt werden kann.

J. Frederici[19] schlug zum Beispiel 1974 das sogenannte „Meridian-System" vor, das die Situation bewältigen soll, wenn kein Aszendent in höheren Breiten vorhanden ist. Er sucht die Lösung in einer radikalen Neudefinition des Aszendenten und sagt sehr schonungslos, daß *„der klassische Aszendent auf einer falschen Analogie basiert."* Statt dessen wählt er einen kleine Kreis parallel zum Äquator, der die Ekliptik am Ostpunkt schneidet und nennt ihn die „fundamentale Parallele". Sein Aszendent wird dann aufgrund der Tatsache gefunden, daß die Rektaszension dieses „neuen Aszendenten" der Schnittpunkt der fundamentalen Parallele mit dem Horizont ist. Dies ergibt in der Tat einen Wert bei 66°33' nördlicher oder südlicher Breite und der Autor betrachtet dies als die Basis für ein völlig neues Haussystem.

Doch auch diese Methode läßt sich kritisieren. Nehmen wir als Beispiel eine Geburt um 9h Sternzeit auf 50° nördlicher Breite. Der herkömmliche Aszendent liegt bei 2°12' ♏, die Frederici-Methode ergibt 29°34' ♎. Man kann sich fragen, ob man es überhaupt noch mit dem Aszendenten zu tun hat. Der Aszendent ist seit Jahrtausenden eindeutig als Schnittpunkt von Horizont und Ekliptik definiert. Ein um 3° verschobener Punkt ist dagegen etwas anderes. Bei dem System der axialen

---

[19] *Astrological Journal* Vol. XVI, No.3, Vol. XVII No.1,2,3 (1974-1975)

Rotation wurde dem Rechnung getragen, indem die Punkte neu benannt wurden.

4.4. Der Glückspunkt

Der Gebrauch speziell dieses arabischen Punktes ist auch in der modernen Astrologie durchaus üblich. In unserer Diskussion der äqualen Manier haben wir gesehen, daß die Regel zum Auffinden des Glückspunktes eine einfach Rechenaufgabe ist (Position AC + Position Mond - Position Sonne). Tatsächlich ist der Glückspunkt die Hausposition des Mondes, wenn man das Horoskop, ausgehend von der Stellung der Sonne, in zwölf 30° Abschnitte einteilt. Anders gesagt, das solare Mondhaus.

Die Bedeutung des Gesagten liegt darin, daß die Hausposition des Glückspunktes nur dann signifikant ist, wenn *dieselbe* Methode der Häuserteilung für den Aszendent und für die solaren Häuser verwendet wird. Damit ist die äquale Manier gemeint. Es ist ziemlich unkorrekt, den Glückspunkt in ein Horoskophaus einzuzeichnen, dem eine andere als die äquale Teilung zugrundeliegt. Will man auf diesen Faktor nicht verzichten, so sollte man auch das äquale Häusersystem als die angemessene Methode akzeptieren. Dies ist kein Argument für oder gegen eine bestimmte Manier, aber man sollte diesen Umstand im Hinterkopf behalten.

5. Bewertung

Die der Astrologie zugrundeliegende Philosophie geht von der Einheit aller Dinge aus. Es gibt eine Verbindung zwischen Himmel und Erde, weil beide die gleiche Natur teilen. Deshalb ist es auch ganz natürlich ein kosmisches Gesetz anzunehmen, das am Ursprung aller beobachtbaren Ereignisse und Verhaltensweisen liegt. Da dem so ist scheint es ganz vernünftig zu sein, innerhalb der Astrologie selber eine ganz ähnliche Einheit von Idee, Zweck und Methode zu finden. Das „Pflänzchen Astrologie" ist gediehen und hat sich auf die faszinierendste Weise entwickelt, aber es ist dennoch dieselbe Blume. Pflanzen wir eine Rose in unseren Garten, so hegen wir nicht die Hoffnung, daß sie schrittweise ihr Naturell verändert. Wachstum und Abwechslungsreichtum sind vorhanden, aber der Grundcharakter der Pflanze bleibt unverändert erhalten.

Diese Annahme möchte ich zum Prüfstein für die astronomische Methode machen. Wenn wir die verschiedenen Techniken untersuchen, wäre es ganz vernünftig, jene herauszufinden, die (gemäß der Tradition) eine Einheit von Zweck und Methode sind. Wir erwarten Wachstum und Entwicklung und müssen diese finden. Gemeint ist aber ein Wachstum und eine Entwicklung, welche in sich die wesentlichen Ideen der Kunst trägt und aufmerksam parasitäre Verzierungen vermeidet, die aus einer unwesentlichen und nicht zur wahren Pflanze gehörenden Quelle stammen.

Betrachten wir nun von diesem Hintergrund aus nochmals den Sinn der Häuser in der Astrologie. An anderer Stelle haben wir schon darauf verwiesen, daß die Zielsetzung der Häuserteilung darin lag, eine Methode zu gewinnen, mit der wir das Verhältnis der Beziehung des Geborenen zu den irdischen Lebensereignissen herstellen können. Die Häuser sind ein Mittel, um den Horoskopeigner, dessen Grundstruktur sich nur geringfügig von vielen gleichzeitig Geborenen unterscheiden muß, in Bezug zu seinem speziellen Hintergrund zu sehen.

Häusersystem	AC an der Spitze von Haus 1?	MC an der Spitze von Haus 10	eingeschlossene Zeichen?	Breitenfehler möglich?	Häuser nur mit AC und MC zu erstellen?	Bemerkungen
Äqual	J	N	N	N	Y	Das einzige Häusersystem, mit dem man den Glückspunkt verwenden sollte.
Porphyrios	J	J	J	N	J	hat den Mangel, daß es den Raum ungleichmäßig teilt.
Natürliche Graduierung	J	J	J	N	N	Dieselbe Kritik wie bei Porphyrios
M-Häuser	N	J	N	N	J	Hat bislang kaum Akzeptanz gefunden
Campanus	J	J	J	J	N	Wird oft als das am besten zufriedenstellende betrachtet. Ergibt stärkere ekliptikale Verzerrungen als die meisten anderen Systeme
Regiomontanus	J	J	J	J	N	Weniger Verzerrungen als Campanus, aber kaum verwendet.

Morin	N	N	J	N	N	Spitzen sind für einen bestimmten Zeitpunkt bei jeder Breite gleich. Kaum verwendet.
Axiale Rotation	N	J	sehr un-wahr-schein-lich	J	J	Wenig benützt, scheint aber Vorteile zu ha-ben gegenüber M-Häusern und Morin-Häusern.
Zenit	N	J	J	J	N	Ein theoreti-sches System, das keine Vor-teile gegenüber anderen Raum-systemen bietet.
Ostpunkt	J oder Spitze 7	N	J	J	J aber mit Prob-lemen	Ein völlig theo-retisches System Wird selten benützt.
Alcabitius	J	J	J	J	J	Ein einfaches Zeitsystem.
Placidus	J	J	J	J	N	Das gängiste Häusersystem zur Zeit. Bietet wenig Vorteile zu ande-ren Zeitsystemen
GOHS	J	J	J	J	J	Versagt in polaren Breiten
Topozentrisch	J	J	J	J	N	Eine leichte Ver-besserung der Placidus-Häuser

Aufgrund der Häuser wird es möglich, nicht nur zu sagen „Dieser Mensch ist so," sondern wir können sagen: „Dieser Mensch wird sich auf diese Weise in jenem ganz bestimmten Lebens- und Erfahrungsbereich verhalten."

Die gedankliche Grundlage hierfür wurde bereits erwähnt, nämlich die Annahme einer existierenden Verbindung zwischen Himmel und Erde. Außerdem wird diese Beziehung nicht nur im Grundcharakter einer Person sichtbar, sondern auch in deren Verflechtungen mit Ereignissen und irdischen Dingen.

Wir konnten auch deutlich sehen, auf welche Weise diese Ausdehnung der astrologischen Prinzipien erfolgte, nämlich durch eine „Verweltlichung" der Tierkreiszeichen. Die Bedeutung der jeweiligen Häuser ist lediglich das weltliche Äquivalent zu den entsprechenden Tierkreiszeichen. Von daher liegt es nahe, daß die gedankliche Ausgangsbasis für den Gebrauch der Häuser exakt der Grundidee der Tierkreisastrologie folgt. Die Häuser sind zwar eine Erweiterung und Entwicklung des Zodiaks, sie unterscheiden sich aber nicht von dessen prinzipiellen Annahmen. Um nochmals auf unser Bild zurückzukommen: die Pflanze hat sich entwickelt, aber nicht verändert.

Unsere Untersuchung hat uns auch gezeigt, daß die Häuser den Tierkreis noch auf andere Weise reflektieren, gemeint ist der Bezug, der zu einem gegebenen Zeitpunkt zwischen dem Geburtsort des Horoskopeigners und dem Tierkreis am Himmel vorliegt. Was ist damit gemeint? Die Häuser sind zwar an sich eindeutig zodiakalen Charakters, aber ihr Bezug zum kosmischen Rahmen der Himmelssphäre hat am Ausgangspunkt kein himmlisches Datum (wie z.B. 0° Widder, was als Beginn des Zodiaks gilt) stehen, sondern ein irdisches Datum, welches mit Geburtsort und Geburtszeit korreliert. Folglich ist es meist üblich, daß an der Spitze des 1. Hauses der Aszendent steht, dem Schnittpunkt von Horizont und Ekliptik. Dieser Punkt wird durch die tatsächliche Geburtszeit und den Geburtsort festgelegt, sprich er hat einen 'mundanen' oder irdischen Grundcharakter.

Vielleicht sollte man an dieser Stelle nochmals darauf hinweisen, daß dieser „Ausgangspunkt" der irdischen Häuser (also meist der Aszendent) zwar ein natürliches Produkt der Rotation der Erde ist, daß er aber funktionell mit dieser zu tun hat. Anders ausgedrückt, wenn wir an einem gegebenen Punkt für eine bestimmte Zeit lang stehen, verändert sich der Anfangspunkt zwar permanent, das untersuchte Ereignis (z.B. die Geburt) ist aber *keine* Sache, die diese Zeitspanne berücksichtigt. Das Horoskop ist eine Blaupause, welche die Zeit gewissermaßen so „einfriert," daß wir das Ereignis in einem statischen Zustand beobachten können. Die verschiedenen Progressionsmethoden versuchen dagegen, das Ereignis auf kontrollierbare Weise wieder „aufzutauen," um einen Blick auf zukünftige Entwicklungen und Möglichkeiten werfen zu können. Das Horoskop selber hält einen Augenblick fest, damit man ihn eingehend untersuchen kann. Das heißt, der spezielle Punkt, der als Anfang für das Häusersystem gewählt wird, kommt zwar nur als Ergebnis der Erdrotation zustande, aber es ist weder ein rotierender Punkt, den wir untersuchen, noch die Rotation selber, sondern vielmehr jener Punkt, der in dem speziellen Moment der Ursprung für die erdbezogene Horoskopdeutung ist. Die Häuser sind also nicht mehr (oder weniger) statisch als der Tierkreis selber. „Dynamik" ist in heutiger Zeit ein Begriff, der viele emotionale Assoziationen weckt und man spricht davon, daß die Häuser durch die Rotation entstehen, um die dynamischen Qualitäten des Horoskopes widerzuspiegeln. Tatsächlich verweisen die älteren Theorien, die von einem festen Raum ausgehen, auf die wahre Situation mit mindestens der gleichen Genauigkeit. Es gibt gute Gründe anzunehmen, daß der Nachdruck, der bei der Häuserteilung oft auf die Idee der Rotation gelegt wurde, eventuell einer Vermischung von Methode und Wesen entspringt. Ganz offensichtlich können zahlreiche Methoden angewandt werden, um

Hausspitzen zu berechnen, und alle Methoden, die auf der Rotation basieren, reihen sich bestens ein, aber eines sollte man bedenken: die Spitzen auch dieser Häusersysteme sind nicht mehr „dynamisch" oder weniger „statisch, " als die jeder anderen Häusermanier. Letzten Endes lassen sich alle nur in den Begriffen einer statischen, dreidimensionalen Geometrie der Himmelssphäre verstehen, welche der eigentliche Gegenstand des Horoskops ist.

Ein weiterer wichtiger Faktor, den wir bereits betont haben, ist die Möglichkeit, durch ein Häusersystem zu einer ganz persönlichen Interpretation des Horoskopes zu gelangen. So gesehen „verweltlichen" wir das Horoskop nicht nur, wir „personalisieren" es auch. Da der Anfangspunkt der Häuserteilung im Verlauf eines Tages durch den ganzen Tierkreis wandern kann, können wir für den Geborenen eine äußerst individuelle Deutung hinsichtlich seiner erdbezogenen Angelegenheit erstellen, die durch andere Mittel kaum zu erreichen ist. Es wurde auch schon darauf hingewiesen, daß alle Astrologen, die auf Häuser verzichtet haben, gleichzeitig und ausnahmslos andere Faktoren eingeführt haben, um die Anzahl der persönlichen Deutungsmöglichkeiten wieder zu erhöhen. Entweder wurden zusätzliche Nebenwinkel eingeführt, fiktive äußere Planeten geschaffen oder die Verwendung von Halbsummen propagiert. Damit soll nun nicht gesagt werden, diese Methoden seien ohne astrologischen Wert, aber sie führen nicht zu dem Ziel, das mit ihnen angestrebt wurde. Sie können zwar weitere Details über das Wesen des Horoskopeigners offenlegen, aber sie können diese nicht in dem Maße individualisieren, wie es mit den Häusern möglich ist. Folglich liegt die individualisierte Deutung des Horoskops nur in der Betrachtung der Häuser.

Wir haben die gängigen Häusersysteme in drei Hauptgruppen klassifiziert. Zunächst wären die ekliptikalen Methoden zu nennen. Die trigonometrische Grundlage für die Teilung ist die Ekliptik. Bei dieser Vorgehensweise sind die Hausspitzen, die auf der Ekliptik erscheinen, nicht der Schnittpunkte von mehreren die Hausgrenzen ergebenden Großkreisen, die trigonometrisch errichtet werden. Die Spitzen selber sind die definitiven Punkte, welche die Position der Häuser im dreidimensionalen Raum festlegen. Die Ekliptik ist dann nicht mehr nur der Großkreis der Planeten, sondern auch der Großkreis für die Häuser.

Es muß betont werden, daß von unserer Warte aus, die nämlich besagt, daß Häusersysteme eine natürliche und geeignete Erweiterung der Grundideen der Astrologie sein sollen, die ekliptischen Systeme besonders geeignet sind. Es steht außer Frage, daß diese an den Grundlagen der astrologischen Wissenschaft festhalten und es besteht eine offensichtliche und direkte Verbindung zwischen Planeten, Zeichen und Häusern; ohne daß es durch die Verfeinerungen der sphärischen Geometrie komplizierter wird. Dies ist selbstverständlich keine ausreichende Begründung für die Übernahme des einen oder anderen dieser Systeme, aber es ist immerhin ein Aspekt, den wir für die weitere Diskussion im Auge behalten sollten.

Die zweite - und bei weitem mehr verbreitete - Häusermethodik haben wir als Raumsystem bezeichnet. Diese geht davon aus, daß der dreidimensionale Raum der Himmelssphäre in zwölf gleiche Abschnitte oder Häuserfolgen eingeteilt wird. Diese Art der Häuserteilung spiegelt nicht die zwölf Tierkreiszeichen wider, sondern die Idee einer Zwölfteilung an sich. Jedes Raumsystem ist eine vollkommene, in sich selbst geschlossene Einteilung der Himmelssphäre, völlig unabhängig vom Tierkreis und der Ekliptik. Die Bedeutung der Ekliptik bei dieser Manier liegt in deren Gebrauch als Meßinstrument für den angenommenen Ausgangspunkt der Häuser. Folglich wird bei den meisten dieser Systeme der Schnittpunkt von Horizont und Ekliptik zur Festlegung der Spitze des ersten Hauses herangezogen. Sobald die Ekliptik diese Funktion ausgeführt hat wird sie, was die weitere Erstellung der Häuser anbelangt, vernachlässigt. Erst nachdem die Häuser im Raum errechnet worden sind, kann man sich die Frage stellen: „An welchem Punkt werden diese Häuser die Ekliptik schneiden?" So gesehen ist die zodiakale Länge der Hausspitzen hier eine zweitrangige Angelegenheit und auf welchen Grad sie fallen ist, im engeren Sinne gesehen, 'zufällig'.

Bei den Raumsystemen ist der Bezug zwischen Zeichen und Haus eher schmaler als bei den ekliptikalen Systemen. Statt dessen betonen wir stärker die Vorstellung der Zwölfheit. Die Zwölfteilung kann man entweder auf den Zodiak oder auf jeden anderen Großkreis im Kosmos übertragen. Die Zeichen sind ein Aspekt der Zahl Zwölf, die Häuser ein anderer. Jedoch scheint auch dies eine gewisse fundamentale Bedeutung der zwölffachen Teilung als eine Urqualität der Natur zu implizieren. Dies kann so sein oder auch nicht, aber man sollte erkennen, daß sich hier ein Wechsel des Schwerpunktes weg von der traditionellen Astrologie vollzieht. Die Erkenntnis des Tierkreises scheint historisch gesehen der Zwölfteilung vorausgegangen zu sein und ganz sicher haben in der Antike auch noch andere Einteilungen existiert (z.B. der in acht Einheiten geteilte Tierkreis).

Selbstverständlich kann man nun hin und her argumentieren, aber der entscheidende Punkt bei dieser Frage ist doch der, daß die Verwendung der Raumsysteme zur Häuserteilung der Zwölfteilung den Vorrang vor dem Tierkreis gibt, welcher das Grundkonzept der Astrologie darstellt. Das heißt, wir kamen erst recht spät in der historischen Entwicklung zu dieser Entdeckung und dies dürfte an sich schon gewisse konzeptuelle Probleme aufwerfen. Ob wir wollen oder nicht, wir müssen zu dem Schluß kommen, daß die grundlegende Bedeutung erstens der Ekliptik und der Planeten und zweitens der Zeichen und Häuser, bei der Verwendung der Raumsysteme nicht so klar zur Voraussetzung gemacht werden, als bei der zuvor erwähnten Klasse der Häuserteilung. Wir haben sicher eine geniale Entwicklung der astrologischen Prinzipien damit erreicht, aber bis zu welchem Ausmaß damit weniger günstige Gesichtspunkte des Wachstums mit umfaßt werden, sollte man ebenfalls bedenken.

Diese Gesichtspunkte sind bei der dritten Klasse von Häuserteilungen, den sogenannten „Zeitsystemen", noch viel bedeutender. Hier ist es die Vorstellung der Rotation, durch welche die Häuser im Grunde gebildet werden. Die Abschnitte sind in diesem Fall nicht gleich große Einheiten von Zeit, sondern ein Volumen, über das ein großer Kreis hinweg gleitet, während er einen anderen Großkreis in gleichen Zeiteinheiten überkreuzt. Hier wird die Zwölfteilung nicht auf den Himmelsraum und dessen Großkreise angewendet, sondern auf die Zeit. Aber mehr noch, die Abkehr von der ursprünglichen Idee scheint noch umfassender zu sein. Schon die Annahme einer Teilung der Häuser im Raum schuf Platz für eine gedankliche Revolution und so haben wir das Recht anzunehmen, daß die Zeitsysteme ungleich große Häuser im streng geometrischen Sinn ergeben. Die Häuser wurden zu einem Produkt der Rotation und dies ist, wie schon aufgezeigt, schwer vereinbar mit Grundannahmen der Astrologie. Sicher liegt ein Zusammenhang vor, aber man darf ernsthaft fragen, ob dieser eine ausschlaggebende Weiterentwicklung der ursprünglichen Begriffe von Zodiak und Ekliptik darstellt. Zwar ist der Versuch, die Bewegung in die Häuserteilung zu integrieren an sich faszinierend, aber die Bewegung selbst ist nicht das, was von den Häusern abgebildet wird, weder im dreidimensionalen Raum noch im Horoskop. Was auch immer wir uns wünschen, die Häuser können lediglich Rauminhalte sein, welche die Erde umgeben und deren Grenzen die Ekliptik an bestimmten Stellen schneiden. Zeitsysteme erfordern ebenso wie die Raumsysteme die sphärische Geometrie, um zu den Häuserspitzen zu kommen. Man kann mit guten Gründen hinterfragen, warum ein Großkreis einem anderen zur Erstellung der gleichmäßigen Einteilung im Raum vorgezogen werden soll; genauso ist es schwierig nachzuvollziehen, warum z.B., ein Punkt auf der Ekliptik zu einem bestimmten Zeitpunkt als Häuserspitze gilt, da er zu

131

einer anderen Zeit aufsteigender Grad oder Himmelsmitte sein kann.

Wir sind von daher gezwungen, nach einer Rechtfertigung der Zeitsysteme zu suchen, die nicht auf der traditionellen Astrologie basiert. Es scheint so, daß wir die Geschichte umkehren und rückwärts lesen müssen. Der wichtigste Begriff in diesem Bild ist die Rotation; diese geht über in die zwölfteilige Gliederung der Zeit; ganz ähnlich verhält es sich mit der Teilung des Raumes; diese wird schließlich auf den Tierkreis und die Planeten übertragen. Sicher gibt es Astrologen, die diesen Umstand im Auge haben, allen voran Dane Rudhyar. Aber diese Einstellung entsteht nicht von alleine, sondern erfordert intensive Erklärungen auf historischer und theoretischer Basis. Der Autor geht von dem Grundsatz aus, daß die Astrologie ihre Hauptquelle bei den Planeten auf dem Tierkreis hat, und daß alle anderen Techniken Verfeinerungen und logische Erweiterungen dieses Axioms sind. Die Zeitsysteme fallen, einfach aufgrund der Vorrangigkeit, die sie der Erdrotation zuweisen, aus diesem Raster heraus. Außerdem kann es gut sein, daß wir hier eine Frucht ernten, die nicht von dem Baum stammt, den wir gepflanzt haben. Wir müssen nicht die praktische Anwendbarkeit dieser Systeme in Frage stellen die bei allen außer den GOH Häusern gegeben ist, vielmehr sind es die zugrunde liegenden theoretischen Annahmen die behaupten, die Lösung finde sich in der Einbeziehung der Rotation.

Es scheint also, daß die Systeme, die am besten unseren Kriterien genügen, die Ekliptik-Systeme sind, da diese am ehesten dem Wesen der Astrologie entsprechen. Die vorgetragene Position scheint anzudeuten, daß diese Systeme am besten die Tierkreiszeichen in die weltlichen Dinge des Geborenen reflektieren. Demnach sollte diese „Reflektion des Tierkreises" das Grundkonzept sowohl für die Häuser als auch für die Methoden der Einteilung sein. Die ekliptikalen Methoden, die die Ekliptik und damit den Tierkreis ernst und als Grundlage für die Teilung nehmen, scheinen von daher am angemessensten zu sein.

Für viele Anwender der gebräuchlichen und hochgelobten Häusermethoden wird dies wie ein Kavaliersdelikt erscheinen. Aber wir brauchen klare Richtlinien, wenn wir in dieser Frage weiter kommen wollen. Mit einem Häusersystem gegen das andere argumentieren zu wollen ist eine mühselige Aufgabe. Sich auf das Wesentliche zu beschränken heißt also an den Grundfragen anzusetzen. Unsere Suche verdichtet sich zu der Frage: „Welches der vier Ekliptik-Systeme wäre am geeignetsten?"

Zum Glück ergeben sich bei den Porphyrios Häuusern und deren moderner Variation, den Häusern der natürlichen Graduierung, wenig Probleme. Wir haben gesehen, daß beide versagt haben, die Himmelssphäre in gleiche Segmente zu teilen. Beide verwenden die Ekliptik als den Großkreis, auf dem die Teilung vorgenommen wird. Da sie willkürlich den Aszendent zur Spitze des I. Hauses und das MC zur Spitze des X. Hauses erklärten, mußten die Bögen der Quadranten auf der Ekliptik zwangsläufig ungleiche Länge erhalten (außer in den seltenen Fällen, wenn das MC exakt 90° vom AC entfernt liegt). Da die Pole der Ekliptik gleichzeitig auch die Pole der Häuserabschnitte sind, müßten die entstehenden Häuser unabdingbar ungleich groß sein. Ausgehend von unserer Annahme, daß die Häuser die Zeichen widerspiegeln, sollten auch die zwölf Teile der Häuser jeweils gleich groß sein, sprich diese beiden Häusersysteme sind nicht akzeptabel.

Folglich müssen wir die Wahl treffen zwischen den modernen M-Häusern und äqualen Häusern, die in der Antike schon von Ptolemaeus beschrieben wurden. Der entscheidende Unterschied dieser beiden Methoden, die jeweils mit gleich großen 30° Segmenten arbeiten, liegt in der Ausgangsbasis für die Häusererstellung. Die äquale Manier nimmt den Aszendenten als Spitze des I. Hauses, während die M-Häuser die Himmelsmitte nehmen. Da die Häuser die Zeichen in mundane Begriffe reflektieren soll, wäre es passender, die Schnittstelle von Himmel und Erde als Startpunkt zu nehmen, d.h. der Aszendent läge näher. Auch die alte Tradition, das I. Haus am Horizont festzusetzen, spricht dafür, daß hier der Ort ist, an dem die mundane Untersuchung und Deutung beginnen sollte.

Die Tatsache, daß das MC meistens nicht mit der Spitze des X. Hauses zusammenfällt ist sicher der größte Einwand, der gegen die äqualen Häuser vorgebracht wird. Aber um diesen Vorwurf zu gewichten, müssen wir untersuchen, wie bedeutungsvoll diese Annahme ist, und ob es sich hierbei um einen wesentlichen Faktor in der Geschichte und der Theorie der Astrologie handelt. Charles Jayne beurteilt in seinem Buch HOROSCOPE INTERPRETATION OUTLINED alle Methoden sehr kritisch, bei denen die Himmelsmitte nicht deckungssgleich mit der Spitze des X. Hauses ist. *„Ich weise dieses äquale Hausersystem zurück, welches mit dem Aszendent beginnt und gleich große Häuser von 30° erzeugt, dabei aber der MC/IC-Achse eine untergeordnete Rolle zuschreibt."* Aber er führt auch aus: *„Sehr wenig wurde bislang zu dem Zeichen gesagt, in welches das MC fällt, ein Hinweis auf die allgemeine Vernachlässigung der Himmelsmitte."* Anschließend beschreibt er die augenscheinlichen Auswirkungen, die unterschiedliche Zeichen des MC auf den Charakter haben, aber auch die Winkelverbindungen von Planeten auf diesen Eckpunkt,.

Seine Ergebnisse lassen den Schluß zu, daß die Himmelsmitte nicht einfach eine Häuserspitze ist, sondern in erster Linie ein sensibler Punkt auf der Ekliptik, dem eine wichtige Rolle in der Deutung des Charakters zukommt, und zwar vor allem im Hinblick auf das „äußere Bild", welches sich unterscheidet von der inneren Persönlichkeit, die besser vom Aszendent und der Sonne angezeigt wird.

So gesehen kann man nicht sagen, daß ein Häusersystem, welches das MC nicht mit der Spitze des X. Hauses gleichsetzt, diesen Punkt vernachlässigt oder ihm eine geringere Bedeutung beimißt. Jeff Mayo ist ein Zeitgenosse der mit äqualen Häusern arbeitet und in seinem kleinen Büchlein TEACH YOURSELF ASTROLOGY sagt er: *„Das MC hat einen besonderen Bezug beim Aufbau des Selbstbewußtseins, und schließlich des Egos. ... Die Definition des Begriffes Ego variiert je nach Autor. Ich ziehe C. G. Jungs Annahme vor, daß das Ego in erster Linie der Brennpunkt des Bewußtseins ist. ...der entscheidende Brennpunkt für das Ego, für seine objektive Funktion, sich bewußt mit der äußeren Wirklichkeit in Beziehung zu setzen, oder sich bewußt selbst zu erfahren, liegt in der Tierkreis-Typologie, sprich dem Zeichen des MC."* Dies wäre in der Tat eine überzeugende Verwendung des Medium Coeli und überdies auch eine, die das MC nicht in seiner Wichtigkeit vernachlässigt. Genaugenommen erhält es dadurch sogar noch eine viel tiefere Bedeutung, als wenn wir es nur mit der Spitze des X. Hauses in Betracht ziehen. Es gibt also durchaus gute Gründe, daß ein System, welches das MC von einer zu engen Assoziation mit einem bestimmten Haus befreit, Vorteile hat. Der Einwand wird unter diesen Gesichtspunkten weniger gewichtig.

Neben der Tatsache, daß die äqualen Häuser Antworten auf die theoretischen und konzeptionellen Fragen bereitstellen, gibt es auch praktische Vorteile. Man braucht keine Tabellen zum Errechnen der Zwischenhäuser. Für höhere Breitengrade gibt es oft keine Tabellen. Auch kann es keine eingeschlossenen Häuser und Zeichen geben, ebenso entfällt der Breitenfehler.

Nach diesen theoretischen und praktischen Erwägungen vertritt der Autor die Auffassung, daß der äqualen Häusermanier der Vorrang zu geben ist. Sicher erhalten wir die letzte Sicherheit nur durch die Untersuchung einer großen Anzahl von Horoskopen, bei denen die Planeten je nach Häusersystem von einem Haus zum anderen wechseln. Die Tatsache, daß viele Autoren, die eine bestimmte Manier verfechten, gleichzeitig auf einer gewissen „Unschärfe" (also einem Orbis) der Hausspitzen bestehen, deutet darauf hin, daß die Methode doch nicht so zufriedenstellend sein kann. In dem bereits erwähnten Buch schreibt Charles Jayne: „*Die einzigen beiden räumlich symmetrischen Häusersysteme sind die Campanus Häuser und die Horizontalhäuser.*"[20] Allerdings sagt er weiter: „*Ich plädiere dafür, daß die Teilung der Häuser, außer bei den Eckhäusern, eher als Bänder gesehen werden anstatt als scharfe Linien, denn auf diese Weise können wir viele Häusersystemn zusammenfügen.*"[21] Es liegt auf der Hand, daß es unter solchen Bedingungen extrem schwierig wird, verschiedene Deutungen zu vergleichen, denn der Astrologe kann einen Planeten in dieser „Bandbreite" in das ihm passend scheinende Haus plazieren.

Bei den Zeit-und die Raumsystemen, die wir zurückgewiesen haben, wäre es notwendig vergleichend zu untersuchen, welche Manier in welchem Zusammenhang die besten Ergebnisse erbringt. Ich würde auf jeden Fall den Raumsystemen den Vorzug geben, die wenigstens noch einen Teil der ideellen Vorgaben erfüllen. Die Zeitsysteme gehen mir zu weit von den geistigen Grundlagen weg. Aber es wird selbstverständlich viele geben, die diesen Standpunkt nicht teilen und ebensowenig von den vorgebrachten Argumenten überzeugt sein werden.

Bei den Zeitsystemen halte ich die Methode des Campanus für die am meisten ernst zu nehmende. Die Erste Vertikale als Basis der Teilung anzusehen, ist eine ganz natürliche Sehweise. Wenn wir senkrecht stehen, zum Himmel blicken und uns die Frage stellen: „Wie würde ich den über dem Horizont sichtbaren Himmel in sechs sichtbare Abschnitte einteilen", würden die meisten so wie Campanus verfahren. D.h. sie nehmen den großen Kreis, der von West nach Ost verläuft (eben die erste Vertikale) als Basis für sechs Teilungen, die sich am Nord- und

---

[20] gemeint ist das in diesem Buch beschriebene System der Zenit-Häuser (vgl. Kapitel 3.2.5.)

[21] In eine ähnliche Richtung geht auch Hans Hinrich Taeger bei seiner Mandala Energie Analyse mit den Felder-Mittlern: ein Planet in der Nähe einer Hausspitze wird je zur Hälfte in beide Häuser gepunktet. (Anm. d. Übersetzers).

Südpol des Horizonts treffen. Die Manier des Regiomontanus ging noch weiter in einer theoretischen Ausrichtung auf die Rotation der Erdachse. Die Häuser nach der Zenit- oder Ostpunkt-Methode sind in gewissem Sinn „Zweitverwertungen", die den Grundgedanken des Campanus aufnehmen und in ein weniger offensichtliches Kleid hüllen. Die Manier von Morin und das Häusersystem der axialen Rotation wollen zwar die Betonung auf dem Raum aufrechterhalten, aber ohne die komplizierte Mathematik. Sie sind zwar einfacher zu handhaben, beruhen jedoch auf zweifelhaftem theoretischem Grundlagen.

Bei den Zeitsystemen fällt die Unterscheidung wesentlich schwerer. Das Geburtshäuser-System (GOHS) scheidet aus, weil es in höheren regionalen Breiten oft völlig versagt. Das topozentrische System scheint theoretische Vorteile gegenüber der Manier nach Placidus zu haben, allerdings ist es nach wie vor schwierig, hierfür Tabellen zu erhalten. Geht man davon aus, daß man bei beiden Methoden beinahe dieselben Ergebnisse erzielt[22], so spricht dies dafür, bei der gängigen Placidus-Methode zu bleiben.

Placidus nimmt den aufsteigenden Grad und mißt die Zeitspanne, bis dieser zum MC wird; diese wird gedrittelt; die so errechneten Zeiten sind die Zeitpunkte, zu denen der aufsteigende Grad die Spitze von Haus XII, XI und X ergibt.

Beim Alcabitius-System wird der zeitliche Abstand von aufsteigendem Grad und MC ebenso notiert und anschließend gedrittelt. Aber im Unterschied zu vorher, entspricht der zu diesem Zeitpunkt *aufsteigende* Grad der Spitze von Haus XII, XI und X. Welches System ist vorzuziehen?

---

[22] Gerechterweise muß man erwähnen, daß die Urheber der Topozentrischen Häuser dieses Systems für die Prognose weiterentwickelt haben und es in Zusammenhang mit den Primärdirektionen bei rektifizierten Horoskopen verwenden. Unter diesen Gegebenheiten spielen geringe Abweichungen der Hausspitzen durchaus eine Rolle.

Ich persönlich plädiere für Placidus-Häuser. Im Kern liegt der Teilung nach einem Zeitsystem die Idee zugrunde, daß man sich auf die Rotation eines Punktes bezieht , wobei bei beiden Methoden der aufsteigende Grad ein solcher Punkt wäre. Es scheint mir vernünftiger, diesen Punkt dann zu setzen, wenn er sich in schiefer Aufsteigung bewegt, denn dann findet man den tatsächlichen Zeitpunkt, zu dem er zur Spitze wird. Nach Alcabitius muß man sich einen zeitlichen Bogen zwischen AC und MC als eine Art 'statischen' Bogen im Raum vorstellen und ihn geometrisch so dritteln, als ob dieser Grad gleichzeitig die Position von AC und MC besetzen würde. So gesehen ist die Häuserteilung nach Placidus beweglicher.

Der Leser hat vielleicht beobachtet, daß die Diskussion in diesem Buch immer um Fragen der mundanen Häuser in Relation zum Geburtshoroskop kreiste. Die Zwischenhäuser im zusammenhang mit Direktionen und Progressionen haben wir nicht angesprochen. Dies ist allerdings ein so umfangreiches Thema, daß es den Rahmen dieser Arbeit sprengen würde. Die wenigsten Autoren heben die Verwendung der Zwischenhäuser bei den Primär-, Sekundär-, Tertiär- oder Sonnenbogendirektionen besonders hervor. Allerdings könnten sich manche Zeit- oder Raumsysteme bei der Arbeit mit den Primärdirektionen eignen, da diese in Rektaszension berechnet werden.

Es gibt keine Begründung für die Annahme, die Margaret Hone in ihrem Buch THE MODERN TEXTBOOK OF ASTROLOGY macht: „Die *Quadrantensysteme wurden in jenen Jahrhunderten populär, in denen Ereignisse für den Astrologen im Vordergrund standen. Folglich eignen sie sich auch in erster Linie nur für die Mundanastrologie.*" Andere Autoren bevorzugen bestimmte Zeit- oder Raumsysteme in Verbindung mit verschiedenen Formen von Progressionen oder Direktionen. Gustav Schwickert arbeitet in seinem Buch DIE KORREKTUR DER GEBURTSZEIT mit einer Verknüpfung von Primärdirektionen und Regiomontanus-Häusern. Er sagt, daß andere Methoden wertlos seien. Charles Jayne lobt in seinem Buch PRO-

GRESSIONS AND DIRECTIONS den Gebrauch der Campanus-Häuser und empfiehlt die Zenit-Häuser für mundanastrologische Progressionen.

Eine der interessantesten Arbeiten kommt aus Argentinien. In dem Buch TABLAS DE ASCENSION RECTA ECLIPTICA CON MANUAL DE DIRECCIONES PRIMARIAS von Wendel Polich, A. P. Nelson Page und Alexander Marr, werden Primärdirektionen vorgestellt, die auf den topozentrischen Häusern basieren. Hierbei müssen die Planeten nicht nur progressive Winkel bilden, sondern auch in schiefer Aufsteigung. In diesem Zusammenhang sind die topozentrischen Häuer eine große Hilfe.

Aber diese Fragestellungen tragen auch nicht zur nennenswerten Erhellung der Häuserfrage im Geburtshoroskop bei. Möglicherweise können bestimmte Häusersysteme, die auf dem Äquator basieren bei der Arbeit mit Primärdirektionen von gewissem Wert sein, weil sie die Auswirkungen exakter festlegen können. Bevorzugt man ein Raumsystem, so wäre dies nach Schwickert) die Regiomontanus-Manier. Präferiert man ein Zeitsystem, so dürfte das topozentrische Häusersystem an erster Stelle stehen.

Damit kommen wir zum Abschluß unserer Untersuchung. Meine Schlußfolgerungen, der alten und einfachen Manier der äqualen Häuer den Vorzug zu geben, wird sicher nicht von allen akzeptiert werden. Aber was meiner Ansicht nach noch wichtiger ist, als eine endgültige Entscheidung herbeizuführen, ist die Bereitstellungen von Informationen, damit sie erkennen, wo die Probleme, aber auch die Kernfragen der Häuserteilung liegen. Mit dem hier vorgestellten Material hoffe ich, einen Beitrag zur Entscheidungsfindung geleistet zu haben, die dem Astrologen hilft und ihn zufriedenstellt.

6. Anhang

6.1. Glossar

Äquator: Der Großkreis auf der Erde, der von beiden Polen gliechweit entfernt ist. Seine Ebene steht senkrecht auf der Rotationsachse der Erde.

Aszendent: Derjenige Grad der Ekliptik, der für einen gegebenen Ort und Zeitpunkt gerade am Osthorizont aufgeht.

Aufsteigender Grad: Der Grad der Ekliptik, der jeweils den Horizont im Osten schneidet. Der Aszendent.

Breite: *geopraphische Breite* – Position in Grad nördlich oder südlich des Erdäquators und im rechten Winkel zu diesem. *Himmelsbreite* – Position in Grad nördlich oder südlich der Ekliptik und im rechten Winkel zu dieser.

Deklination: Der Abstand eines Gestirns vom Himmelsäquator, positiv, wenn in Richtung zum Nordpol, negativ, wenn in Richtung zum Südpol.

Deszendent: Der Punkt der Ekliptik, der für den gegebenen Zeitpunkt und Ort am Westhorizont gerade untergeht.

Ekliptik: Der Großkreis auf der Himmelskugel, der den scheinbaren auf der Sonne um die Erde wiedergibt. Schnittkreis der Erdbahnebene mit der Himmelskugel.

Erster Vertikal: Großkreis, der durch den Zenit läuft im rechten Winkel zum Meridian. Schneidet den Horizont am West- und Ostpunkt.

Großkreis: Schnittlinie der Kugeloberfläche mit einer durch den Kugelmittelpunkt gehenden Ebene (falls gleichzeitig durch die Pole verlaufend Meridiane genannt).

Himmelsäquator: Der Großkreis des Erdäquators auf die Himmelskugel projiziert.

Himmelsmitte siehe Medium Coeli.

Himmelssphäre: Die Himmelskugel. Die Ebene, auf der sich die großen Lichter, die Planeten und Sterne scheinbar bewegen. Der Beobachter befindet sich im Mittelpunkt der Erdsphäre. Folglich bewegt sich die Himmelskugel aufgrund der Erdrotation scheinbar von Ost nach West.

Himmelstiefe: siehe unter Imum Coeli.

Höhenkreis: siehe unter Erste Vertikale.

Horizont: Die Kreislinie, in der Himmel und Erde zusammenstoßen.

Imum Coeli (IC): Himmelstiefe. Schnittpunkt der Ekliptik mit dem unteren Meridian.

Kleinkreis: Jeder Kreis in einer Sphäre, der nicht durch den Mittelpunkt der Sphäre läuft.

Kulminierender Grad: Anderer Ausdruck für Medium Coeli. Derjenige Grad, der den oberen Meridian schneidet.

Länge: *geographische Länge* – Position in Grad östlich oder westlich von Greenwich. Orte gleicher Breite liegen auf einem Parallelkreis , dem Breitenkreis. *ekliptale Länge oder Himmelslänge* – Position in Grad entlang der Ekliptik. Der Winkel zwischen dem Frühlingspunkt und dem Längenkreis des Gestirns.

Medium Coeli: Himmelsmitte. Schnittpunkt der Ekliptik mit dem oberen Meridian.

Meridian: Der Großkreis der Himmelskugel, der durch den nördlichen und südlichen Himmelspol und zugleich durch den Zenit und den Nadir geht. Er steht senkrecht auf dem Horizont und dem Himmelsäquator. Die Sterne erreichen im Meridian ihre größte Höhe über dem Horizont.

Nadir: Derjenige Punkt der Himmelskugel, direkt unterhalb dem Beobachter. Der dem Zenit gegenüberliegende Punkt. Wird auch Fußpunkt oder Himmelstiefe genannt.

Neigung der Ekliptik: Der Winkel zwischen dem Himmelsäquator und der Ekliptik. Gegenwärtig beträgt dieser 23° 26' 34'' und verringert sich pro Jahr um 5''.

Polhöhe: Die Höhe eines Poles über dem Horizont.

Rationaler Horizont: Die Ebene desGroßkreises, die parallel zum sichtbaren Horizont verläuft. Bei allen astrologischen Berechnungen wird der rationale Horizont verwendet.

Rektaszension: Auch gerade Aufsteigung genannt. Der auf dem Himmelsäquator gemessene Bogen zwischen Frühlingspunkt und dem durch den Stern gehendenDeklinationskreis, gezählt von Westen über Süden, meist in Stunden von 0^h bis 24^h.

Schiefe Aufsteigung: Auch ascensio obliqua genannt. Bogenstück auf dem Himmelsäquator zwischen Frühlingspunkt und dem Breitenkreisschnittpunkt eines Gestirns auf dem Äquator. Die Kleinkreise ascensio obliqua verlaufen parallel zum Himmelsäquator.

Spitze: Der Punkt auf der Ekliptik, an dem diese von dem Großkreis, der eine Häusgrenze bildet, geschnitten wird.

Tierkreis: Die Zone beiderseits der Ekliptik von etwa 16° Breite, innerhalb deren sich die Sonne, der Mond und die Planeten in ihren scheinbaren Bahnen bewegen.

Vertikalkreis: Auch Höhemkreis. Jeder durch Zenit und Nadir gehende größte Kreis,der Senkrecht auf dem Horizont und den Azimutalkreisen steht.

Zenit: Der Punkt der Himmelskugel, der senkrecht über dem Beobachter steht.

Zirkumpolar: den Pol umkreisend. Ein Planet oder Stern, der 24 Stunden über dem Horizont steht und folglich keinen Aufgang oder Untergang hat.

Zodiak: siehe Tierkreis.

6.2. Die Berechnung des aufsteigenden Grades

1. Wandle die Sternzeit in Rektaszension (R.A) um auf der Basis 4 Minuten = 1° Rektaszension
2. Addiere 90° zur R.A: des MC, um die schiefe Aufsteigung (O.A) des Aszendenten zu erhalten
3. Bezeichnet L die gesuchte Länge des aufsteigenden Grades, E die Schiefe der Ekliptik (heute ungefähr 23°26') und B die geographische Breite, so kann man nun L mit der folgenden Forel berechnen:

$$\cot(L) = \cos(E) \cdot \cot(OA) - \frac{\sin(E) \cdot \tan(B)}{\sin(OA)}$$

Um von den beiden L-Werten die als Lösung in Frage kommen (und die sich um 180° unterscheiden)den richtigen zu wählen, kann man sich als Eselsbrücke merken: Eine „Nacht-Sternzeit" (Werte von 18 Uhr bis 24 Uhr und von 0 Uhr bis 6 Uhr) ergibt nördliches zeichen (Frühling- oder Sommerzeichen) als Aszendent. Eine „Tag-Sternzeit (von 6 Uhr bis 18 Uhr) ergibt ein südliches Zeichen (Herbst- oder Winterzeichen) als Aszendent.

4. Mit E = 23°26' lautet die obige Gleicheung:

$$\cot(L) = \cos(23°26') \cdot \cot(238°15') - \frac{\sin(23°26') \cdot \tan(53°)}{\sin(238°15')}$$

$$= 1.1884$$

Wenn cot (L) 1.1884 ist, muß L 40°05' oder 220° 05' sein. da eine „Tag-Sternzeit" vorliegt, ist der zweite Wert der richtige: Der Aszendent ist 10° 05' ♏

6.3. Die arabischen Punkte

An verschiedenen Stellen wurde im Text schon auf den Glücks-
spunkt hingewiesen, der als der bekannteste arabische Punkt
bezeichnet werden kann. Aus diesem Grund halte ich es für
sinnvoll, das System kurz zu erläutern.

In der Regel bestimmt man den den Glückspunkt, indem
man die zodiakale Länge des Aszendenten zu der des Mondes
addiert und die Summe von der Länge der Sonne abzieht. In
unserem Beispiel sieht dies folgendermaßen aus:

AC = 21° ♑	= 270° + 21° =	291°
Mond = 25° ♍	= 150° + 25° =	175°
		466°
Sonne = 3° ♏	= 210° + 3° =	- 213°
		253°
		oder 13° ♑

Zeichnen wir dies nun in unser Horoskop ein (bei äqualen
Häusern), dann fällt der Glückspunkt in das XI. Haus. Das
heißt: Die Hausposition des Glückspunktes ist per definitio-
nem die Hausposition des Mondes im Sonnenhoroskop (wenn
die Sonne gerade aufgehen würde).

Auf ähnliche Weise wird der Punkt für Handel gewonnen.
Man subtrahiert die Länge der Sonne von der Summe aus der
Länge von Aszendent und Merkur

> 291° (AS)
> 222° (Merkur)
> 513
> 213 (Sonne)
> 300 = 0° ♒

Der Punkt für Handel liegt also im I. Haus und so definiert, daß seine Hausposition genau die Hausposition des Mer-
kurs im Sonnenhoroskop ist.

Wenn wir nun aber anstatt unserer bisherigen Berechnungen ein Horoskop erstellen und auf den Tierkreisgrad der Sonne (3° ♏ die Spitze des I. Hauses bei einer äqualen Teilung stellen, würden wir folgendes feststellen: In diesem „Sonnenhäuser-Horoskop" würde der Mond ins XI. und der Merkur in das I. Haus fallen. Dies zeigt, daß die arabischen oder sensitiven Punkte, die wir oben errechnet haben nichts anderes wiedergeben als die Hauspositionen in einem Horoskop mit Sonnenhäusern unter Verwendung von äqualen 30° Häusern. In dem Sonnenhaus-Horoskop würde man auch erkennen, daß Mars und Venus ebenfalls in Haus XI stehen, Neptun und Saturn in Haus XII, Jupiter in Haus VI Uranus in Haus IX und Pluto in Haus X. Selbstverständlich waren die Planeten jenseits von Saturn den arabischen Astrologen noch nicht bekannt, aber zeitgenössische Astrologen haben auch für diese Planeten ihrer Bedeutung entsprechende sensitive Planeten formuliert.

Dies sind die gebräuchlichsten Punkte:

Sonnen-Horoskop (Sonne als Spitze des I. Hauses)
(Sonne als Spitze des I. Hauses)

Mond:	Glückspunkt
Merkur:	Punkt für Handel
Venus:	Liebespunkt
Mars:	Punkt der Leidenschaft
Jupiter:	Punkt des Wachsens
Saturn:	Schicksalspunkt

Lunares Horoskop (Mond als Spitze des I. Hauses)

Sonne:	Punkt für Geist
Merkur:	Punkt für Glauben
Venus:	Punkt für Töchter
Jupiter:	Punkt für Söhne

Merkur-Häuser (Merkur als Spitze des I. Hauses)

Mond:	Punkt für Diener
Mars:	Punkt für Verständigung

145

Venus-Häuser (Venus als Spitze des I. Hauses)
Mond: Punkt für Mutter
Saturn: Glückspunkt in der Ehe
Mars Häuser (Mars als Spitze des I. Hauses)
Venus: Punkt für Spiele
Jupiter: Punkt für Mißstimmunge
Saturn Häuser (Saturn als Spitze des I. Hauses)
Sonne: Punkt für Vater
Mond: Punkt für Besitz und Erbe
Mars: Punkt für Krankheit
Jupiter: Punkt für Geschwister

Es gibt eine einfache Methode, um ein Horoskop mittels der arabischen Punkte zu untersuchen. Man teilt auf einer transparenten Scheibe zwölf gleiche Segmente ein, indem man Linien vom Mittelpunkt aus zieht. Legt man die Scheibe über das Horoskop, so daß eine der Speichen auf dem Planeten liegt, welcher als die Spitze des I. Hauses verwendet wird, so kann man ungefähr sehen, welche Planeten in den verwandten Planetenhäusern liegen.

6.4: Auswirkung ungenauer Geburtszeiten auf AC und MC

Da alle Häusersysteme sich als grundlegende Referenz auf die tägliche Bewegung der Erde beziehen, kann ein noch so kleiner Irrtum der Geburtszeit bei weitem größere Auswirkungen auf die Plazierung des aufsteigenden und des kulminierenden Grades (und im Gefolge auf alle Häuserspitzen) haben, als auf die Stellung der Planeten. Es ist ein fundiertes mathematisches Grundsatz, daß das Ergebnis nicht exakter sein kann als die zugrundeliegenden Werte. Ganz eindeutig trifft dies immer auf die Geburtszeit zu. Die folgenden Tabellen haben sich deshalb als ganz wertvoll erwiesen, um die mögliche Abweichung von AC oder MC festzulegen bei bekannter Ungenauigkeit der Geburtsdaten.

Die Geburtszeit in unserem Beispiel wurde mit 13h 10' Uhr angegeben. Man darf annehmen, daß diese Zeit plus oder minus fünf Minuten schwankt. Dies bedeutet, die Geburt kann zwischen 13h07'30" und 13h12'30" stattgefunden haben. Folglich beträgt die Abweichung von der angegebenen Zeit 2½ Minuten.

Das aufsteigende Zeichen ist Steinbock. In der Häusertabelle ersehen wir, daß der Steinbock in den angegebenen Breitengraden komplett (0° bis 30°) zwischen 14h 14' Uhr und 15h 59' Uhr aufsteigt, also in einem Zeitraum von 1 Stunde und 45 Minuten. In Tabelle 1 können wir den Wert für 2 ½ Minuten und 1 Stunde 45 Minuten ablesen, welcher zwischen 34' und 52' oder 43' liegt. Folglich kann man annehmen, daß eine Abweichung des gegebenen Aszendeten + oder -43 Bogenminuten betragen kann. Der genaue Aszendent für 13:10 Uhr liegt bei 20°♑39'; der aufsteigende Grad kann demnach also nur im Bereich von 19°56' und 21°22' im Zeichen Steinbock liegen. Unter Anwendung eines ähnlichen Vorganges kann man errechnen, daß die Himmelsmitte des Beispielhoroskopes + oder -35' beträgt.

Tabelle 1: Maximale Abweichung des AC

Mögliche Abweichung der Geburtszeit — Zeit in der das aufsteigende Zeichen durch 30° läuft

	oh15m	oh30m	oh45m	1h00m	1h15m	1hr30m	1h45m	2h00m
¼ min	1°00'	30'	20'	15'	12'	10'	09'	08'
1 min	2°00'	1°00'	40'	30'	23'	20'	17'	15'
2 min	4°00'	2°00'	1°21'	1°00'	48'	40'	34'	30'
3 min	6°00'	3°00'	2°01'	1°30'	1°12'	1°00'	52'	45'
4 min	8°00'	4°00'	2°42'	2°00'	1°36'	1°20'	1°09'	1°00'
5 min	10°00'	5°00'	3°22'	2°30'	2°00'	1°40'	1°26'	1°15'
10 min	20°00'	10°00'	6°42'	5°00'	4°00'	3°20'	2°53'	2°30'

	2h15m	2h30m	2h45m	3h00m	3h15m	3h30m	3h45m	4h00m
¼ min	07'	06'	06'	05'	05'	04'	04'	04'
1 min	13'	12'	11'	10'	09'	08'	08'	07'
2 min	27'	24'	22'	20'	19'	17'	16'	15'
3 min	40'	36'	32'	30'	28'	25'	24'	22'
4 min	54'	48'	43'	40'	37'	34'	32'	30'
5 min	1°07'	1°00'	54'	50'	46'	42'	39'	37'
10 min	2°15'	2°00'	1°48'	1°39'	1°33'	1°24'	1°19'	1°15'

Tabelle 2: Maximale Abweichung des MC

Mögliche Abweichung der Geburtszeit	♊ ♋ ♐ ♓	♉ ♌ ♏ ♒	♈ ♍ ♎ ♑
½ min	07'	07'	08'
1 min	14'	15'	16'
2 min	28'	30'	32'
3 min	42'	45'	48'
4 min	56'	1°00'	1°04'
5 min	1°10'	1°15'	1°20'
10 min	2°20'	2°30'	2°40'

Über den Autor

Ralph William Holden wurde am 13. Februar 1934 um 7:02 in Adelaide geboren. An der Universität von Adelaide studierte er Bauingenieurwesen und arbeitete 1953 - 1957 im Ministerium für Marine und Hafen. Zweitstudium in Theologie mit Abschluß im Jahre 1960. Zwei Jahre später Priesterweihe. Zwischen 1963 und 1986 leitete er mehrere Kirchengemeinden der Church of England in Südaustralien. 1986 wurde er zum Direktor einer Unternehmensberatung für Industriebetriebe ernannt. Seit 1991 im Ruhestand.

Holden erhielt 1972 das Diplom der London Faculty of Astrological Studies. 1974 gehörte er zu den Gründungsmitgliedern der Federation of Australian Astrologers. In den Jahren 1974 bis 1982 unterhielt er eine astrologische Beratungspraxis. Außer dem vorliegenden Buch hat er zahlreiche Artikel in Fachzeitschriften geschrieben.

Personenregister

STANDARDWERKE DER ASTROLOGIE

Michael Roscher und Werner Völkel

Das Buch der Häuserherrscher

Querverbindungen im Horoskop

332 Seiten, Hardcover
ISBN 978-3-925100-83-3

Michael Roscher widmet sich gemeinsam mit Werner Völkel der Analyse von Querverbindungen im Horoskop. Grundlage ist dieser äußerst differenzierten Form der Horoskopanalyse bildet das System der Häuserherrscher. Anhand der Herrscherverknüpfungen lassen sich zu jedem der durch die zwölf Häuser symbolisierten Lebensbereiche individuelle Deutungsaussagen ableiten.

Dieses Buch bietet ausführliche Deutungen zu den insgesamt 144 möglichen Herrscherverknüpfungen im Horoskop. Die Texte sind sehr praxis- und erfahrungsbezogen geschrieben und zeichnen sic h durch psychologischen Tiefgang aus. Durch seinen systematischen und übersichtlichen Aufbau ist dieses Buch bestens als Nachschlagewerk für die tägliche Praxis geeignet. Es kann von Einsteigern und Profis gleichermaßen mit Gewinn genutzt werden.

CHIRON VERLAG